职业教育新能源汽车专业"十三五"规划教材

新能源汽车电池及管理系统检修

主　编　谭　婷　李健平
副主编　吴金华　李学友
主　审　吴书龙

机械工业出版社

《新能源汽车电池及管理系统检修》包括4个学习项目，分别介绍了动力电池组的拆装与检测、不同类型动力电池组的技术分析、动力电池管理系统的检修、废旧电池的处理。本书注重理实一体、案例解析导入，实用性强、贴合企业工作实际。

本书既可作为职业院校新能源汽车、汽车维修等相关专业的教学用书，也可以作为汽车企业的培训资料，还可作为对新能源汽车感兴趣的大众读者了解新能源汽车电池及管理系统检修的专业读物。

图书在版编目（CIP）数据

新能源汽车电池及管理系统检修 / 谭婷　李健平主编 . — 北京：机械工业出版社，2018.12（2024.8 重印）
职业教育新能源汽车专业"十三五"规划教材
ISBN 978-7-111-61539-2

Ⅰ.①新…　Ⅱ.①谭…②李…　Ⅲ.①新能源—汽车—蓄电池—检修—职业教育—教材　Ⅳ.①U469.720.7

中国版本图书馆 CIP 数据核字（2018）第 284333 号

机械工业出版社（北京市百万庄大街 22 号　邮政编码 100037）
策划编辑：杜凡如　　　　　责任编辑：杜凡如　丁　锋
责任校对：梁　静　杜雨霏　封面设计：马精明
责任印制：郜　敏
中煤（北京）印务有限公司印刷
2024 年 8 月第 1 版第 16 次印刷
184mm×260mm · 11 印张 · 264 千字
标准书号：ISBN 978-7-111-61539-2
定价：35.00 元

电话服务　　　　　　　　　　网络服务
客服电话：010-88361066　　　机 工 官 网：www.cmpbook.com
　　　　　010-88379833　　　机 工 官 博：weibo.com/cmp1952
　　　　　010-68326294　　　金 书 网：www.golden-book.com
封底无防伪标均为盗版　　　　机工教育服务网：www.cmpedu.com

职业教育新能源汽车专业"十三五"规划教材指导委员会

主任

郑丽梅　全国机械教育教学指导委员会

副主任

（排名不分先后）

陈旭明　比亚迪汽车工业有限公司

吴立新　行云新能科技（深圳）有限公司

朱　军　中国汽车工程学会应用与服务分会

韩建保　北京理工大学机械与车辆学院

张珉豪　国家开放大学福建分院

李春明　长春汽车工业高等专科学校

委员

（排名不分先后）

吴书龙	申荣卫	董铸荣	朱文韬	文爱民	戴良鸿
姚博翰	吴东平	向　东	阚广武	朱汉楼	陆春其
谢可平	张文华	李正国	王立刚	王　蔚	单立新
张利军	简玉麟	曾　鑫	陈署红	李志国	陈文军
毛行静	陈道齐	葛长兴	陈　胜	刘亚青	虞伟良
蒋振世	王福忠	占百春	陈其生	蒋志伟	黄俊刚

职业教育新能源汽车专业"十三五"规划教材编委会

主审

吴书龙　江苏联合职业技术学院（无锡汽车工程分院）

主编

谭　婷　江苏联合职业技术学院（无锡汽车工程分院）
李健平　广东科学技术职业学院

副主编

吴金华　江西应用技术职业学院
李学友　贵阳交通技工学校

参编成员

李　晟　武汉技师学院
姜科楠　黄冈职业技术学院
谢金红　广东省轻工业高级技工学校
钟贵麟　广东省轻工业高级技工学校
陈林锋　广东省轻工业高级技工学校
李　宁　深圳技师学院
杜　雄　茂名技师学院
黄辉渡　广州市高级技工学校
林锦桐　广州市高级技工学校
黄旺生　深圳市携创技工学校
程丽群　南京交通职业技术学院
岑少飞　广西城市职业技术学院
邓开豪　广西工业职业技术学院
许见诚　广州珠江职业技术学院

前　言

　　随着新能源汽车技术的快速发展和国家政策扶持力度的增大，新能源汽车的生产制造与售后服务人员需求必将逐步增加，有些职业院校已经抓住了市场机遇，及时调整了专业培养方向，开设或准备开设新能源汽车技术专业。新能源汽车涉及很多全新的技术领域，而新能源汽车专业是很多职业院校正在积极建设的专业。但是目前市场上关于混合动力汽车、纯电动汽车维修方面的书籍很少，并且大多都是关于理论研究的。为了让更多人，特别是使用和维修新能源汽车的售后服务人员，对新能源汽车有更深入的了解，行云新能科技（深圳）有限公司作为一家专注新能源汽车专业教学整体解决方案开发与应用的企业，组织行业专家、课程专家及一线汽车品牌主机厂新能源汽车工程师等人员，与美国国家新能源培训联盟（NAFTC）合作，结合中国车系特点，以《比亚迪SOP维修技术规范》为实操标准，编写了这套职业教育新能源汽车专业"十三五"规划教材。

实战性强

　　基于大量的市场调查，本书80%以上的内容为新能源汽车的使用和维护方法，避免了现有新能源汽车教材内容偏设计制造技术导致的理论性太强的缺陷，使教材更贴近汽车维修企业实际工作及职业教育的特点。

适用性强

　　职业教育专家对本书的结构进行全面把控，使内容符合职业教育的特点，采用任务驱动结构编写，方便教材组合，可供新能源汽车专业方向的学生使用，也可供其他汽车专业方向学生学习新能源汽车知识和技能。本书涵盖了比亚迪、丰田等国内主流新能源汽车厂家的共性和差异，解决了品牌"地域性"问题。

配套资源丰富

　　立体化课程，配套资源包括教材、教学课件和配套试题等。整个课程的推进遵循以"教师手册"为指导，"任务实施"为引领，学生"教材"和教师"教学课件PPT"为参考，技能实操视频与教学实训设备相配套的总体原则。

　　本书全面系统地论述了新能源汽车电池及管理系统的基础知识和必备测量技能，对新能源汽车动力电池组的检测、更换和处理等技术进行了详细的讲解，同时注重图文结合，讲解生动，采用大量的实物图、结构图、电路图、故障案例，配合文字进行讲解与描述。

　　本书由广东科学技术职业学院李健平、江西应用技术职业学院吴金华任主编，贵阳交通技工学校徐利强、李学友任副主编，由江苏联合职业技术学院（无锡汽车工程分院）吴书龙对全书统稿主审。参与编写的还有程丽群、李宁等老师（详见编委会编写成员名单）。

　　在编写本书的过程中，引用了大量原厂手册及文献资料，在此，全体编者向所有原作者们表示衷心的感谢！

　　由于本书涉及内容新，编者水平有限，书中不足之处在所难免，恳请专家和广大读者批评指正。

编　　者

目　录

项目1

动力电池组的拆装与检测

项目描述

本项目共三个学习任务，分别是：

任务1：动力电池组的基础知识。

任务2：动力电池组的拆卸。

任务3：动力电池组的外观检查与安装。

通过以上三个任务的学习，熟悉电池组的基础知识和功能；合力完成动力电池组的拆卸工作；会进行动力电池组的外观检查和性能检测。

任务1 动力电池组的基础知识

一、任务引入

动力电池组是新能源汽车高压驱动装置的蓄能器，它相当于传统内燃机车辆的燃油箱。对于镍氢电池车辆只能更换总成，对于锂离子电池可以更换电池单体模组。不管哪种更换方式都需要熟悉电池组的基础知识和功能，只有通过培训认证的维修人员才可以操作。

二、任务要求

知识要求：

1）熟悉动力电池组的常用术语。

2）掌握动力电池组的连接方式。

技能要求：

会进行动力电池组的串并联连接。

职业素养要求：

1）严格执行汽车检修规范，养成严谨科学的工作态度。
2）尊重他人劳动，不窃取他人成果。
3）养成总结训练过程和结果的习惯，为下次训练总结经验。
4）养成团结协作精神。
5）严格执行 5S 现场管理。

三、相关知识

（一）动力电池组的连接方式

将多个可作为能量来源使用的电池单体互联起来称为"电池单元"。举例说明，一个 12V 的铅酸蓄电池由 6 只单格电池串联组成，是作为一个单独的元件一起生产的。术语动力电池组的定义则更为宽泛，通常是指数量较多的电池单元组成的一个电池整体。这些电池单元可以是电池单体，也可以是由电池单体组成的电池模组。在泛指所有电池而且不强调其具体结构时，也有人以动力电池包或电池包之类的名词指代动力电池组。

利用机械结构将众多电池单体通过串并联的方式连接起来，并结合系统机械强度、热管理、BMS 匹配等技术，称之为电池 PACK 系统。其主要的技术体现在整体结构设计、焊接和加工工艺控制、防护等级、主动热管理系统等，国内目前 PACK 大多采用简单的风冷散热和主动液体冷却系统，整个 PACK 技术壁垒也相对较低。

电池是能将化学能转化成电能的装置，具有正极、负极之分。电池分为可再次充电和不可再次充电两种。区别是可再次充电的电池其放电时的反应可以逆转，这样就能够始终对电池进行充电和放电。目前主要有铅蓄电池（2V）、锂离子电池（3.6V）、镍氢（镉）电池（1.2V），其化学能和电能可以进行反复转换。不可充电电池一般会标明不可充电，如干电池（1.5V）、氧化银电池（1.55V）等。

混合动力汽车和纯电动汽车的动力电池组是由电池模组组成的，这些电池模组又包括一个以上的电池单体。根据电池模组设计类型不同，其电池单体部件有两种构成方式：电池单体互相串联，这样能实现输出电压最大化；或者电池单体互相并联，这样能实现输出电流最大化。

动力电池组如果所需电压比实际电池电压高时，由其电池单元串联而成：即它的某个电池单体或电池模组的正极连接另外一个电池单体或电池模组的负极，以此类推。电池的总电压与电池单体的电压之和相同。例如，图 1-1-1 中的总电压 $U_{\text{ges}} = U_1 + U_2 + U_3$。

串联电池组中的每个电池单体的开路电压为 U，内阻为 R_i，N 个电池单体串联组成的电池组的电压为 NU，电池组的总内阻为 NR_i。

电池并联可以提高电池组的电容量，电池组电压则保持不变。电池组的性能通常比电池单体性能差。例如，图 1-1-2 中的总电压 $U_{\text{ges}} = U_1 = U_2 = U_3$。

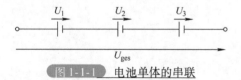

图 1-1-1　电池单体的串联

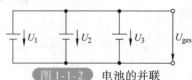

图 1-1-2　电池的并联

某些带充电系统的电动汽车（插电式混合动力和纯电动汽车），则采用混联的方式将电池单元组成动力电池组，可同时增加电池的电压和容量，以满足电动汽车的动力需求化。例如，雪佛兰沃蓝达的动力电池组就是由96块电池模组串联而成的，其中每块电池模组又包括三个并联的3.7V电池单体。由于每个并联的电池单体输出电压为3.7V，全部96组电池模组的总输出电压大约是355V。

（二）常用术语

1. 正极与负极

电位较高的电极为正极，电位较低的电极为负极；放电时，外电路电流从正极流经负载流入负极，在电池内部电流从负极流向正极。

实际上只有带负电荷的电子才能流动，放电时电子从电位较低的电极（负极）流出经外部电路即负载流入电位较高的电极（即正极）。放电时，正极由于发生的是还原反应，也可称之为阴极；而在充电时由于发生的是氧化反应，则称之为阳极。

阳极发生氧化反应，即失掉电子的反应。

阴极发生还原反应，即获得电子的反应。

2. 活性物质

活性物质是指正负极中参加成流反应的物质，能通过化学反应产生电能。

3. 内阻

电池的内阻是指电池在工作时，电流流过电池内部受到的阻力，单位为 mΩ。内阻大小主要受电池的材料、制造工艺、电池结构等因素的影响。

电池内阻包括欧姆内阻和极化内阻。欧姆内阻由电极材料、电解液、隔膜电阻及各部分零件的接触电阻组成，极化内阻包括电化学极化与浓差极化引起的电阻。电池内阻是一个非常复杂而又非常重要的特性，影响内阻的因素有材料、结构等。

由于内阻的存在，当电池放电时，电流经过内阻要产生热量，消耗能量，电流越大，消耗能量越多，所以内阻越小，电池的性能越好，不仅电池的实际工作电压高，消耗在内阻上的能量也少。

4. 开路电压

开路电压是指电池没有负载时，即开路状态下正负极两端的端电压，单位为 V。开路电压与电池的剩余能量有一定的联系，电量显示就是利用这个原理工作的。例如，锂离子电池，下述左侧百分比是电池的剩余容量，右侧是对应的电池的开路电压（OCV）：100%→4.20V；90%→4.06V；80%→3.98V；70%→3.92V；60%→3.87V；50%→3.82V；40%→3.79V；30%→3.77V；20%→3.74V；10%→3.68V；5%→3.45V；0%→3.00V。

5. 标称电压

标准电压是指电池 $0.2C$ 放电时全过程的平均电压。

6. 工作电压

电池在工作时（有负荷时）正负极两端的端电压称为工作电压，也叫作闭路电压。工作电压的具体值与电池体系、工作电流（即倍率）、工作温度、充电条件相关。在电池放电工作状态下，当电流流过电池内部时，必须克服内阻的阻力，故工作电压总是低于开路电压。

7. 终止电压

电池放电或充电时，所规定的最低放电电压或最高充电电压称为终止电压。若此时继续放电或充电则为过度放电或充电，这会对电池的寿命和性能造成损伤。

8. 工作电压范围

工作电压范围根据客户需求和电池能力结合而确定。

9. 额定容量

额定容量是指电池所能够储存电量的多少，容量是电池电性能的重要指标，它由电极的活性物质决定。容量用 C 表示，单位用 A·h（安时）或 mA·h（毫安时）表示（1A·h = 1000mA·h）。$C = It$，即电池容量（A·h）= 电流（A）× 放电时间（h）。

电池组的额定容量由厂家根据实际情况确定，一般都低于电池单体的额定容量值之和，这是因为需要留有较大的保险系数（即木桶效应，以保护板及电池单体的一致性）。

10. 实际容量

电池在一定条件下放出的实际电量称为实际容量。电池的实际容量主要取决于以下几个因素：活性物质的数量、质量、活性物质的利用率。

11. 剩余容量

电池剩余的可再继续释放出来的电量称为剩余容量。

12. 荷电保持能力

电池充满电保存一段时间后，以一定倍率放电，放电容量与实际容量的比值称为荷电保持能力。

13. 电池能量

电池能量是指电池储存能量的多少，用 W·h 来表示。能量（W·h）= 额定电压（V）× 工作电流（A）× 工作时间（h）。例如：3.2V/15A·h 电池单体的能量为 48W·h，3.2V/100A·h 电池组的能量为 320W·h。电池能量是衡量电池带动设备做功的重要指标，电池容量不能决定做功的多少。

14. 充电

利用外部电源使电池的电压和容量上升的过程称为充电，此时电能转化为化学能。

15. 充电特性

电池充电时所表现出来的特性称为充电特性，例如充电曲线、充电容量、充电率、充电深度、充电时间等。

16. 充电曲线

电池充电时其电压随时间的变化曲线称为充电曲线。

17. 恒流充电（CC）

在恒定的电流下，对充电电池进行充电的过程称为恒流充电。一般应设置终止电压，当电压达到该值时，充电过程结束。

18. 恒压充电（CV）

在恒定的电压下，对充电电池进行充电的过程称为恒压充电。一般而言，该恒定电压为充电终止电压。一般应设置终止电流，当电流小于该值时，充电过程结束。

19. 涓流充电

指以小于 0.1C 电流对电池进行充电，一般在电池接近充满电时，进行补充充电时采用，若电池对充电时间没有严格要求的话，建议采用涓流充电方式充电。常见电池的充电方式见表 1-1-1。

表 1-1-1　常见电池的充电方式

	铅酸电池	镍镉电池	镍氢电池	锂电池
充电方式	恒流后恒压	恒流	恒流	
控制方法	电压 2.3V、涓流		恒温或 ΔV	电压 4.2V、涓流

20. 浮充电

随时对蓄电池用恒压充电称为浮充电，使其保持一定的荷电状态。

21. 过充电

超过规定的充电终止电压而继续充电的过程称为过充电；此时电池的使用寿命及安全性等受到影响。

22. 放电

电流从电池流经外部电路的过程称为放电，此时化学能转换为电能。

23. 放电特性

电池放电时所表现出来的特性称为放电特性，例如放电曲线、放电容量、放电率、放电深度、放电时间等。

24. 放电曲线

电池放电时其电压随时间的变化曲线称为放电曲线。

25. 放电容量

电池放电时释放出来的电荷量称为放电容量，一般用时间与电流的乘积表示，例如 $A \cdot h$，$mA \cdot h$（$1A \cdot h = 3600C$）。

26. 放电速率

放电速率是表示放电快慢的一种量度。所用的电池容量在 $1h$ 放电完毕，称为 $1C$ 放电；$5h$ 放电完毕，则称为 $C/5$ 放电。

27. 放电深度

放电深度是表示电池放电程度的一种量度（DOD），为放电容量与额定容量的比值，单位为%。例如，80% DOD（Depth Of Discharge）是指放电时放出额定容量的80%停止。

28. 深度放电

深度放电表示蓄电池50%或更大的容量被释放。

29. 持续放电时间

电池在一定的外部负荷下在规定的终止电压前的放电时间之和称为持续放电时间。

30. 荷电状态

荷电状态（SOC）也叫剩余电量，表示电池使用一段时间或长期搁置不用后的剩余容量与其完全充电状态的容量的比值，常用百分数表示。其取值范围为 $0 \sim 1$，当 SOC = 0 时表示电池放电完全，当 SOC = 1 时表示电池完全充满。

31. 容量密度

单位质量或体积所能释放的电量称为容量密度，一般用 $mA \cdot h/g$ 或 $A \cdot h/kg$ 表示（通常用于表示电极材料的容量）。

32. 能量密度

能量密度又称为比能量，是指单位质量或体积所能释放的能量，即重量比能量或体积比能量。通常用体积能量密度（$W \cdot h/L$）或质量能量密度（$W \cdot h/kg$）表示。如一节锂离子电池重 $325g$，额定电压为 3.7V，容量为 $10A \cdot h$，则其能量密度为 $113W \cdot h/kg$，在实际应用情况中需要考虑电池结构中的壳体、零件等各方面因素。目前锂离子电池的能量密度是镍镉电池和镍氢蓄电池的 3 和 1.5 倍，能量密度的高低是由材料密度与结构决定的。

33. 功率与功率密度

功率是指在一定的放电制度下，单位时间内电池输出的能量，单位为 W 或 kW。功率密度又称比功率，是单位质量或单位体积电池输出的功率，单位为 W/kg 或 W/L。比功率是评价电池是否满足电动汽车加速和爬坡能力的重要指标。

34. 库仑效率

在一定的充放电条件下，放电时释放出来的电荷与充电时充入的电荷的百分比称为库仑效率，也叫放电效率。

35. 利用率

实际放电容量与理论容量的百分比称为利用率。

36. 漏液

电解液从电池流出的现象称为漏液。

37. 内部短路

电池内部正极和负极形成电通路时的状态称为内部短路；主要因隔膜的破坏、混入导电性杂质、形成枝晶等造成。

38. 过放电

过放电是指在低于终止电压时继续放电。此时容易发生漏液或电池的使用寿命受到影响。

39. 自放电

电池在搁置过程中，没有与外部负荷相连接而产生容量损失的过程称为自放电。

40. 自放电率

电池在储存过程中，容量会逐渐下降，其减少的容量与电池容量的比例，称为自放电率。这是因为电极在电解液中的不稳定性，电池的两个电极发生了化学反应，活性物质被消耗，转为电能的化学能减少，电池容量下降。环境温度对自放电影响较大，温度过高会加速电池的自放电。

电池容量衰减（自放电率）的单位为%／月。电池自放电将直接降低电池的容量，自放电率直接影响电池的储存性能，自放电率越低，储存性能越好。

41. 存储寿命

电池在没有负荷的一定条件下进行放置直到达到规定的性能劣化程度所能放置的时间称为存储寿命。

42. 循环寿命

在一定条件下，将充电电池进行反复充放电，当容量等电池性能达到规定的要求以下时所能发生的充放电次数称为循环寿命。蓄电池经历一次充放电过程称为一个周期或一次循环。电池在反复充放电后，容量会逐渐下降，在一定的放电条件下，电池容量降至80%时，电池所经受的循环次数就是循环寿命。不正确使用电池、电池材料、电解质的组成和浓度、充放电倍率、放电深度（DOD）、温度、制作工艺等都对电池的循环寿命有影响。

43. 日历寿命

电池在使用及搁置条件下达到规定的性能劣化程度时所需的时间称为日历寿命。

44. 记忆效应

电池的记忆效应是指未完全放电的电池，在下一次充电时所能充电的百分比。这是因为电池内物质产生结晶，如镍镉电池中，Cd不断聚集成团形成大块金属镉，降低了负极的活性。为了消除电池的记忆效应，在充电之前，必须先完全放电，然后再充电。锂离子电池无记忆效应。

45. 放电平台

放电平台是指放电曲线中电压基本保持水平的部分。放电平台越高、越长、越平稳，电池的放电性能越好。

46. 电池组的一致性

由多个电池单体串联、并联在一起就组成了电池组。电池组的整体性能和寿命取决于其中性能较差的一个电池单体，这就要求电池组中每个电池单体性能的一致性要高。影响电池组一致性的因素除了电池单体本身性能的误差和原材料质量的好坏，最主要的是制造工艺，工艺的改进对提高电池的质量非常重要。

47. 化成

电池制成后，通过一定的充放电方式将其内部正负极活性物质激活，以改善电池的充放电性能及自放电、储存等综合性能的过程称为化成。电池经过化成后才能体现其真实的性能。同时化成过程中的分选过程能够提高电池组的一致性，使最终电池组的性能提高。

48. 短路试验

蓄电池充电后，在20℃±5℃条件下搁置1h。将蓄电池经外部短路10min，外部线路电阻应小于10mΩ。

49. 热箱试验

蓄电池充电后，在20℃±5℃条件下搁置1h后，在85℃±2℃条件下，搁置2h。

50. 针刺试验

在20℃±5℃条件下搁置1h。用$\phi 3 \sim \phi 8$的钢钉从垂直于蓄电池极板的方向迅速贯穿（钢针停留在蓄电池中）。

51. 挤压试验

蓄电池充电后，在20℃±5℃条件下搁置1h，按下列条件进行试验。

挤压方向：垂直于蓄电池极板方向施压。

挤压面积：垂直于施压方向的外表面。

挤压程度：直至蓄电池壳体破裂或内部短路（蓄电池电压变为0V）为止。

52. 冲击试验

在20℃±5℃条件下搁置1h后，在同一温度条件下，自1.5m高处跌落至木板上。

53. 振动试验

蓄电池组充电后，紧固到振动试验台上，按下述条件进行试验。

1）振动方向：上下单振动。

2）振动频率：$10 \sim 55Hz$。

3）最大加速度：$30m/s^2$。

4）振动时间：1h。

5）放电：蓄电池以$1I_1$（A）恒流放电至终止电压（$n \times 3.0V$）。放电阶段若有电池单体电压低于2.5V，则停止放电。

（三）动力电池组的技术参数

装备有电动驱动装置车辆的动力电池组相当于内燃机驱动车辆的燃油箱。它是电动驱动装置的蓄能器。为使电动驱动车辆达到预期的续驶里程，需要相应存储较多能量，因此蓄能器的体积和重量都比较大。在行李舱内或底盘下方安装动力电池组对电动车辆特性产生了积极影响：

1）由于安装位置较低，降低了车辆重心，可减小转弯行驶时车辆的侧倾。

2）车内空间不会因动力电池组受到限制。

3）维修时便于拆卸动力电池组，因此可减少修理费用。

在当今电动汽车动力电池市场，主要以磷酸铁锂电池和三元锂电池为主。二者主要的区别是能量密度与安全性的差异，能量密度关系到动力电池的续驶能力，安全性则是动力锂离子电池最重要的指标之一。从实际应用中看，新能源汽车动力电池组性能的好坏主要取决于以下几个技术参数：

1）比能量（W·h/kg）：又称为能量密度，是指单位质量的电极材料放出电能的大小，它标志着纯电动模式下电动汽车的续驶能力。

2）比功率密度（W·h/L）：即动力电池所能输出的最大功率除以整个电池的体积，用来描述电池在瞬间放出较大能量的能力。

3）比功率（W/kg）：单位质量的电池所能提供的功率，用来判断电动汽车的加速性能和最高车速，它直接影响电动汽车的动力性能。

4）循环寿命：是指电池所能完成的充放电循环的次数，它是衡量动力电池寿命的重要指标。循环次数越多，动力电池的使用时间越长。

5）成本：电池的成本与新技术、原材料、制作工艺和生产规模等因素有关。通常新开发的高比功率动力电池成本相对较高，但是随着新技术的不断采用，电池成本将会逐渐降低。

1. 能量密度

磷酸铁锂电池的能量密度较三元锂电池相差很多，目前新能源汽车的补贴标准以系统的能量密度为重要指标，政策规定当电池系统能量密度超过120W·h/kg，就可以享受1.1倍的补贴，介于90W·h/kg和120W·h/kg之间只能享受1倍补贴。

磷酸铁锂电池单体能量密度通常在90～120W·h/kg，而三元锂电池单体能量密度可以达到200W·h/kg左右，可见三元锂电池的能量密度优势较为明显，这也是近年内国内大量上线三元锂电池生产线的原因所在，再加上日韩在三元锂电池技术方向上的坚持，为市场注入了强有力的信心。

《中国制造2025》明确了动力电池的发展规划：2020年，电池能量密度达到300W·h/kg；2025年，电池能量密度达到400W·h/kg；2030年，电池能量密度达到500W·h/kg。目前，我国各电池厂家动力锂离子电池能量密度如下。

比亚迪：目前，比亚迪磷酸铁锂电池的单体能量密度为150W·h/kg，而接下来比亚迪计划将能量密度继续提升到160W·h/kg。除了磷酸铁锂电池，比亚迪也在同步开发三元锂电池，而如果将三元锂电池的技术结合到磷酸铁锂电池上，对原有用石墨作为负极材料的做法进行一些调整，那么在2020年左右，比亚迪计划将磷酸铁锂电池的单体能量密度提升到200W·h/kg。

另外，在跟进的三元锂电池方面，比亚迪的三元锂电池已经具备量产条件，目前能量密度也达到了200W·h/kg。比亚迪三元锂电池的目标是2018年电池比能量达到240W·h/kg，2020年达到300W·h/kg。

沃特玛：生产的32650圆柱形动力磷酸铁锂电池，单体能量密度已经达到145W·h/kg，下一步目标是实现160W·h/kg；三元锂电池目前能量密度为200W·h/kg，预计到2020年达到300W·h/kg的水平。

国能电池：早在2013年，国能磷酸铁锂和三元锂电池单体能量密度就达到了160W·h/kg和200W·h/kg。目前磷酸铁锂电池产品主要有60A·h、100A·h、130A·h系列，电池组循环寿命在2000次以上（1.5C、100% DOD）。三元锂电池循环寿命达到1500次（1C充电、100% DOD、80%剩余），-40℃放电容量可达50%以上（0.2C放电）；目前三元系列产品主要有15A·h、40A·h。

捷威动力：在能量密度方面，公司目前已经量产的三元软包锂电池单体比能量达到210W·h/kg。在提高电池安全性的基础上，预计2020年公司软包电池单体能量密度可达300W·h/kg，Pack成组后可达220W·h/kg；钛酸锂电池单体能量密度达到110W·h/kg以上。

智慧能源：公司量产的动力电池单体能量密度可达220W·h/kg，PACK成组后能量密度达到140W·h/kg。同时，公司BMS可做到5级防护，采用轻量化材料，并进行了结构优化。

比克电池：2016年，比克三元材料动力电池行业占比30%以上，位列第一。目前比克电池单体能量密度接近220W·h/kg，后续还将进一步提升至300W·h/kg。

卡耐新能源：卡耐新能源已经可以批量供应能量密度为220W·h/kg的电池单体，系统比能量大于130W·h/kg，同时在工艺和技术层面已经分别实现250W·h/kg、技术300W·h/kg的产品储备。

2. 安全性

我们知道，就材料体系而言，三元锂电池正极材料的分解温度在200℃左右，磷酸铁锂电池正极材料的分解温度在700℃左右。实验室测试环境下短路磷酸铁锂电池单体，基本不会出现着火的情况，三元锂电池则不然，在使用三元锂电池时尤其要对热管理提出较高的要求。对于整车来讲，安全措施更加完善与科学，通过BMS对锂离子电池进行有效管理，电池可以工作在安全的状态下。

3. 温度适应性

我国幅员辽阔，气候复杂，从最北端到最南端温度变化非常丰富。以北京为例，作为电动汽车的主力市场，北京夏季最高温度在40℃左右，而冬季则基本保持在 −16℃左右，甚至更低。这样的温度区间显然适合低温性能更佳的三元锂电池。而注重耐高温性能的磷酸铁锂电池在北京的冬季会显得有些乏力。更何况，三元锂电池在耐高温方面与磷酸铁锂相比，差距并不大，见表1-1-2。

表1-1-2 三元锂电池与磷酸铁锂电池适应温度

三元材料电池			
温度/℃	容量/A·h	放电平台/V	相对25℃容量
55	8.581	3.668	99.36%
25	8636	3.703	100.00%
−20	6.058	3.411	70.14%
磷酸铁锂材料电池			
温度/℃	容量/A·h	放电平台/V	相对25℃容量
55	7870	3.271	100.20%
25	7.860	3.240	100.00%
−20	4.320	2.870	54.94%

从表1-1-2中能够看出，以25℃为基准常温，两类电池在55℃高温下放电与常温25℃下放电，放电容量几乎没有差别。但在 −20℃时，三元锂电池与磷酸铁锂电池相比有比较明显的优势。常用动力电池组具体技术参数对比见表1-1-3。

表1-1-3 动力电池组具体技术参数对比

电池类型	镍氢电池	锂离子电池				燃料电池
		锰酸锂	磷酸铁锂	镍钴铝酸锂	镍钴锰酸锂	
电压平台/V	1.2	3.9	3.4	3.6	3.7	—
能量密度/(W·h/kg)	30~80	100~120	110~130	180~250	180~250	2~3kW/L
循环次数	500~1000	>500	>2000	>600	>500	10000h
成本	3~4元/W·h	2.0元/W·h	2.3元/W·h	2.1元/W·h	2.5元/W·h	5~6元/W
代表车型	普锐斯	聆风	秦	Model S	沃蓝达 PHEV	Mirai FCV
电池生产企业	PEVE	AESC	比亚迪	松下	LG 化学	丰田

数据来源：国联汽车动力电池研究院。

我国基本掌握了镍氢蓄电池、锂离子电池和燃料电池的关键技术，主要技术指标达到了国外同类产品的水平，见表 1-1-4。

表 1-1-4　我国动力电池主要技术指标

	HEV		PHEV	EV	FCV
	镍氢蓄电池	锂离子电池	锂离子电池	锂离子电池	燃料电池
比能量/(W·h/kg)	30 ~ 50	30 ~ 50	50 ~ 80	80 ~ 100	—
比功率/(W/kg)	250 ~ 1000	1000 ~ 1500	500 ~ 1000	500 ~ 1000	1. 5 ~ 2kW/L
循环寿命/次	500 ~ 1000	2000 ~ 3000	1500 ~ 2000	1500 ~ 2000	—
日历寿命/年	3 ~ 5	5 ~ 8	5 ~ 8	5 ~ 8	5000h
成本/(元/W·h)	3 ~ 4	3 ~ 5	3 ~ 5	3 ~ 5	—

数据来源：国联汽车动力电池研究院。

（四）典型新能源汽车动力电池技术参数

1. 比亚迪 e5 车型动力电池技术参数

　　比亚迪 e5 车型的动力电池 PACK 系统由动力电池模组、电池信息采集器、串联线、托盘、密封罩、电池采样线组成，类型为磷酸铁锂电池，电量为 47.5kW·h，布置在整车地板下面，位置如图 1-1-3 所示，电池技术参数见表 1-1-5。

比亚迪 e5 动力电池讲解

动力电池

图 1-1-3　比亚迪 e5 动力电池组安装位置

表 1-1-5　比亚迪 e5 车型动力电池技术参数

电池模组容量	75A·h
额定电压	633.6V
储存温度	-40 ~ 40℃，短期储存（3 个月）25% ≤SOC≤40%
	-20 ~ 35℃，长期储存（<1 年）30% ≤SOC≤40%
重量	≤490kg

2. 丰田普锐斯车型动力电池技术参数

　　丰田第三代普锐斯的动力电池 PACK 系统由动力电池模组、电池智能控制单元、接线盒、电池采样线、冷却风扇等组成，类型为镍氢蓄电池，电量为 1.4kW·h，布置在行李舱内，位置如图 1-1-4 所示，丰田普锐斯车型动力电池技术参数见表 1-1-6。

图 1-1-4　第三代丰田普锐斯动力电池组安装位置

表 1-1-6　丰田普锐斯车型动力电池技术参数

电池模组容量	6.5A·h
额定电压	201.6V
电池单体数	每个模组 6 只（1.2V×6=7.2V） 28 个模组（28×7.2V=201.6V）
重量	≤45kg

四、任务实施

（一）任务准备

安全防护：注意 220V 家用电压保护。

工具设备：手持式数字万用表、动力电池组装实训台（行云新能 INW-EV-B2）。

台架车辆：无。

辅助资料：动力电池组装实训台（行云新能 INW-EV-B2）使用说明书、连接导线、教材。

（二）实施步骤

动力电池组的连接与测量：

请利用动力电池组装实训台（行云新能 INW-EV-B2）和动力电池组的连接电路图（图 1-1-5）进行动力电池组的组装与连接，并测量完成填空。

电池单体电压：＿＿＿＿＿V；并联负载前最右侧电池模组总电压：＿＿＿＿＿V；并联负载后动力电池组总电压：＿＿＿＿＿V。

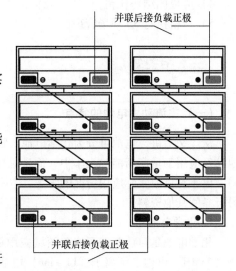

图 1-1-5　动力电池组的连接电路

任务 2　动力电池组的拆卸

一、任务引入

在对动力电池组进行整体式更换或单体模组更换时，均需要将动力电池组从车辆上拆卸下来。为确保安全，在拆卸动力电池组之前需要做好充分的准备工作，并熟练掌握动力电池组的标准拆卸流程。通过本任务的培训，能够安全规范地按照标准流程拆卸动力电池组。

二、任务要求

知识要求：

1）熟悉电池的种类。

2）掌握动力电池组拆卸注意事项。

技能要求：

会安全规范地完成动力电池组的拆卸。

职业素养要求：

1）严格执行汽车检修规范，养成严谨科学的工作态度。
2）尊重他人劳动，不窃取他人成果。
3）养成总结训练过程和结果的习惯，为下次训练总结经验。
4）养成团结协作精神。
5）严格执行 5S 现场管理。

三、相关知识

（一）主流动力电池的特点

从广义上讲，电池可分为化学电池、物理电池和生物电池三大类。其中，化学电池和物理电池已经应用于量产新能源汽车中，而生物电池则被视为未来纯电动汽车电池的重要发展方向之一。出于对目前实际应用情况的考虑，本书只对化学电池和物理电池进行详细介绍，生物电池可另行参阅其他资料。

1. 化学电池

化学电池是目前新能源汽车领域应用最为广泛的电池种类，动力电池组可以由镍金属氢化物（NiMH）电池、锂离子（Li－ion）电池，甚至铅酸蓄电池等组成。每种类型的电池都有其自身的特性，这种特性反过来又影响电池组整体的设计和控制思路。这些电池内部的化学性质不同，一般不会对诊断程序有大的影响，但每种电池都可能对技术人员造成不同的危害。

目前，我们所见的绝大多数新能源汽车都采用化学电池组进行驱动，如丰田普锐斯、特斯拉 Model S 等。这里所讲的化学电池并不是我们日常所讲的汽车蓄电池，而是对可重复充电电池的统称。因为新能源汽车电池种类较多，其中很大部分已经被当前市场淘汰，对其晦涩原理进行大篇幅讲解并不能对实际维修新能源汽车带来多大帮助，所以我们先通过表 1-2-1 大致了解一下这些电池的种类和基本特性，然后就目前市场上常见的几种化学电池进行详细说明。

表 1-2-1　新能源汽车用电池简析

类型		能量密度/(W·h/kg)	电池单体标称电压(通常情况)	安全性	理论循环使用寿命/次	商品化程度	代表车型
铅酸蓄电池		30～50	2V 左右	好	500～800	已淘汰	—
镍镉电池		50～60	1.2V	较好	1500～2000	已淘汰	—
镍氢蓄电池		70～100	1.2V	好	1000	现使用	现款普锐斯
锂离子电池	锰酸锂电池	100	3.7V	较好	600～1000	已淘汰	早期普锐斯
	钴酸锂电池	170	3.6V	差	300	已淘汰	特斯拉 Roadster
	磷酸铁锂电池	100～110	3.2V	好	1500～2000	现使用	比亚迪、腾势
	三元锂电池	200	3.8V	较差	2000	现使用	特斯拉 Model S

注：由于电池种类很多，表中只列举出了一些具有代表性的类别。

（1）铅酸蓄电池

铅酸蓄电池是一种较早的蓄电池系统（始于1850年），目前仍然有数以百万车辆使用这种蓄电池提供电能。铅酸蓄电池在车辆中被作为起动内燃机的起动电池使用。此外，也可以在发动机处于静止状态时的有限时间内为用电器提供电源。

电解槽主要由正负极、隔板和组装所需部件构成，如图1-2-1所示。每个电解槽都输出2V电压。6个电解槽串联在一起可以提供12V的蓄电池电压。

在充电状态下，铅酸蓄电池的正极被氧化为二氧化铅（PbO_2），而负极则被还原为绒状铅（Pb）。使用经过稀释的硫酸（H_2SO_4）作为电解液。蓄电池放电时，将会在两个电极处生成硫酸铅（$PbSO_4$）。可以通过以下化学公式对放电时的整个反应进行描述：$Pb + PbO_2 + 2H_2SO_4 \rightarrow 2PbSO_4 + 2H_2O + 电能$。

铅酸蓄电池的能量密度约为$30W \cdot h/kg$。

有些混合动力汽车使用较高电压（低于60V）的铅酸蓄电池组，如图1-2-2所示。这类电池组的安全防护措施类似于传统汽车上铅酸蓄电池组的安全防护措施。由于此类电池已经淘汰，在此不再赘述。

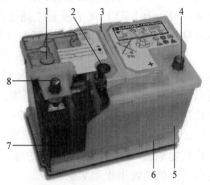

图1-2-1　铅酸蓄电池

1—密封塞　2—电眼　3—提手
4—蓄电池的正极接线柱　5—蓄电池壳体
6—用于固定蓄电池的底部滑轨　7—由正极板、负极板和隔板组成的极板组
8—蓄电池的负极接线柱

目前仍有个别厂商还在研究用铅酸蓄电池作为动力源的电动汽车,不过因不符合电动汽车的发展趋势,已经被市场所淘汰

图1-2-2　铅酸蓄电池组在汽车上的布置

（2）镍镉电池

镍镉电池（NiCd）经过100多年的发展直至今日仍然还在使用。它与铅酸蓄电池的主要区别是在充电和放电期间电解液保持不变。已充电情况下镍镉电池槽的正极板为镉，负极板则为氢氧化镍。使用氢氧化钾作为电解液。这种组合方式可提供1.2V的电压。其能量密度与铅酸蓄电池基本相同。

通过使用新型蓄电池系统替代镍镉电池的主要原因是其使用了会污染环境的重金属镉和所谓的记忆效应。所谓电池的"记忆效应"是指如果电池每次没有放完电，如只放出40%，那么长期使用后，剩下的60%容量就无法放出，这就大大缩小了电池的储存电容量，直接影响电池的使用。即电池在循环充放电过程中容量会出现衰减，而过度充电或放电，都可能加剧电池的容量损耗。蓄电池似乎会对以前放电过程时的能量需求产生"记忆"。此时蓄电池仅能提供较小的能量而不是原来正常的能量，且电压也会随之下降。

（3）镍氢蓄电池

目前美、日等国家的很多油电（非插电式）混合动力汽车使用镍氢（NiMH）蓄电池组。镍氢蓄电池由美国人斯坦福发明。镍氢蓄电池的正极材料是氢氧化镍（NiOOH），负极材料是储氢合金（MH），主要为金属氢化物。电解液主要成分是 30% 的氢氧化钾水溶液。每一个单元电池的额定电压为 1.2V。这里所谓"储氢合金"是指具有很强"吸收"氢气能力的金属镍，其单位体积储氢的密度可相当于储存 1000 个大气压的高压氢气。

镍氢蓄电池于 20 世纪 90 年代后逐渐发展开来，如以丰田普锐斯为代表的很多混合动力汽车均采用此类电池作为储能元件。其能量密度与普通的离子电池差距并不大，为 $70 \sim 100W \cdot h/kg$，但由于电池单体电压仅为 1.2V，是锂离子电池的 1/3，在需求电压一定的情况下，其电池组的体积要比锂离子电池大一些。如图 1-2-3 所示，6 个电池单体组成的镍金属氢化物电池模块，总电压 7.2V，被应用于某些传统混合动力汽车中。1995 年至 2003 年生产的电动汽车大多采用镍金属氢化物电池组。然而，镍氢电池的能量密度（一定重量或空间内所存储的能量）有限，影响了电动汽车的续驶里程和加速性能。

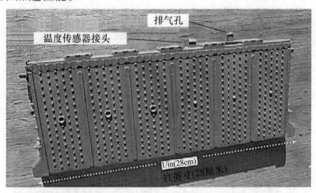

温度传感器接头   排气孔

1/in(28cm)
11挄寸(28厘米)

图 1-2-3   镍氢蓄电池组成的电池组

与锂离子电池一样，镍氢蓄电池也需要电池管理系统，不过其更注重电池的充放电管理。之所以存在这样的区别，主要是源于镍氢蓄电池具有"记忆效应"。（锂离子电池此项特性几乎可忽略不计）。因此对于厂商来说，镍氢蓄电池控制系统在设定上都会主动避免过度充放电，如将电池的充放电区间人为控制在总容量的一定百分比范围内，就可以降低容量衰减速度。

镍氢蓄电池对过度充放电、过热和电极错误较为敏感，此外对温度也比较敏感，当达到冰点附近的温度时会出现明显的容量损失。

想一想

镍氢蓄电池具有"记忆效应"，使用中应当注意些什么？

（4）锂离子电池

目前，越来越多的传统型混合动力汽车、几乎所有的插电式与纯电动汽车采用锂离子电池。锂离子电池是 20 世纪 90 年代发展起来的高容量可充电电池，时间比镍氢蓄电池更晚。其比能量大于镍氢蓄电池，能存储更多的电能量，而且具有循环寿命长、自放电率小、电池无记忆效应和不污染环境等多项优点。其主要研究集中在大容量、长寿命和安全性三个方面，成为当前能量存储技术的热点。

如今，在售新能源汽车配备的锂离子电池主要有磷酸铁锂电池及三元锂电池两种，且这两种电池在自身特点上存在显著差异，因此有必要对其进行细致的讲解与对比。

磷酸铁锂电池是指用磷酸铁锂作为正极材料的锂离子电池，电池负极是石墨，中间是聚乙烯或聚丙烯材料制成的隔膜板，电池中部的上下端间装有有机电解质，由有机溶剂和锂盐组成，对人体组织具有腐蚀性，并且可燃，外壳由金属材料密封，如图1-2-4所示。

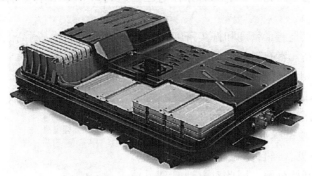

图 1-2-4　磷酸铁锂电池组

隔膜板可把正极与负极隔开，在电池异常高温时，隔膜板上的细孔起阻断锂离子通道的作用，可中止充电或放电反应，有效防止电池外部短路电流过大时，反应过激产生温度过高的现象。长寿命铅酸蓄电池的循环寿命在300次左右，最高也就500次，而磷酸铁锂动力电池循环寿命达到2000次以上，标准充电（5h率）使用，可达到2000次。由比亚迪同戴姆勒共同打造的纯电动汽车品牌腾势所搭载的正是磷酸铁锂电池。相比于早期的锰酸锂电池，磷酸铁锂电池在能量密度上并未有太大差别，为100～110W·h/kg，但其热稳定性是目前车用锂离子电池中最好的，当电池温度处于500～600℃高温时，其内部化学成才才开始分解，而同属锂离子电池的钴酸锂电池在180～250℃时内部化学成分就已处于不稳定状态。换而言之，磷酸铁锂电池的安全性在锂离子电池中首屈一指，正因如此，其已成为目前新能源汽车电池的主要类型之一。新能源汽车磷酸铁锂电池组安装在车辆底盘的下面，并且只能从底盘下面取出。

磷酸铁锂电池使用安全可靠，不会出现爆炸现象。电池的正极材料具有良好的电化学性能，有十分平稳的充放电平台，充放电过程中结构稳定，即使放电电压到0V时也绝对安全，电池安全性好。这种电池提倡使用恒压恒流充电，当电压从3.2V升到3.6V时应停止充电，或者维持很小的充电电流；但当锂离子电池的电压很低，如在2V以下时，也不宜大电流急充电，应采用极小的涓流充电，这可有效地延长电池寿命。这里要指出的是，当磷酸铁锂电池用过大电流充放电时，电池内部会持续升温，活化过程中所产生的气体膨胀，当电池内压力过大到一定程度时，会造成电池的密封铝塑外壳出现鼓胀或破裂。因为电池管理系统可监测电流、温度和电压等参数，可对电池进行有效的保护，所以在使用过程中，即使发生碰撞穿刺等极端情况，也没有爆炸的危险。

案例：

2013年，深圳市曾发生一起电动出租车遭遇严重碰撞后，起火燃烧的事故。后经专家现场检测分析，是由于电池变形造成电池短路引发起火，但电池的结构仍完整。实践证明磷酸铁锂电池确实不会爆炸。

磷酸铁锂电池无记忆效应。当电动汽车在使用过程中，发现储电量较少时，不论电量还存有多少，均可找就近的充电站进行补充，能做到随放随充，不影响电池的性能，不要求100%放完电后才允许充电，极大地方便了驾驶人的使用。而像镍镉电池则严格要求第一次使用时，一定要用尽后再充满方能使用，这是由于电池有记忆效应。

三元聚合物锂电池是指正极材料使用镍钴锰或镍钴铝三元材料的锂离子电池。三元复合正极材料以镍盐、钴盐、锰盐为原料，在容量与安全性方面比较均衡，循环性能好于正常钴酸锂。前期由于技术原因，其标称电压只有 $3.5 \sim 3.6V$，在使用范围方面有所限制，但到目前，随着配方的不断改进和结构的不断完善，电池的标称电压已达到 $3.7V$，在容量上已经达到或超过钴酸锂电池的水平。

三元锂电池的优点是能量密度和振实密度高；缺点是安全性能、耐高温性能、使用寿命以及大功率放电性能差，其元素有毒不环保。

与磷酸铁锂电池相比，特斯拉 Model S 使用的三元锂电池在重量能量密度上要高出许多，约为 $200W \cdot h/kg$，这也就意味着同样重量的三元锂电池比磷酸铁锂电池的续驶里程更长，如图1-2-5所示。不过其缺点也显而易见，当自身温度为 $250 \sim 350\,℃$ 时，内部化学成分就开始分解，因此对电池管理系统提出了极高的要求，需要为每节电池分别加装保护装置。除此之外，因为单体体积很小，所以一辆车的电池单体数量非常庞大，以 Model S 为例，7000 余节 18650 三元锂电池才能满足一辆车的装配用量，这无疑又进一步加大了电池管理系统的控制难度。目前市场在售车型中，特斯拉、北汽 EV200 都使用了三元锂电池。

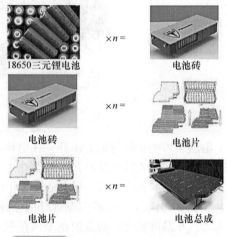

图1-2-5 特斯拉电动汽车电池组结构

想一想

特斯拉为何选择三元锂电池？

（5）燃料电池

燃料电池其实不是"电池"，准确地说是一个大的发电系统。其因能量转换效率高、无污染、寿命长、运行平稳等特点被业界公认为未来汽车的最佳能源。简单来说，燃料电池是通过化学反应将化学能转换为电能的一种装置，而能量主要是依靠不断供给燃料及氧化剂产生的。图1-2-6所示为丰田燃料电池模型。

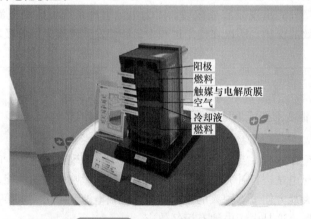

图1-2-6 丰田燃料电池模型

　　理论上讲，燃料电池能采用的燃料种类很多，甚至是传统内燃机所用燃料也可，不过真正能起电化学反应的，仅仅是其中的氢和氧化剂中的氧。因此，氢燃料电池是目前燃料电池的研究核心，如图 1-2-7 所示。

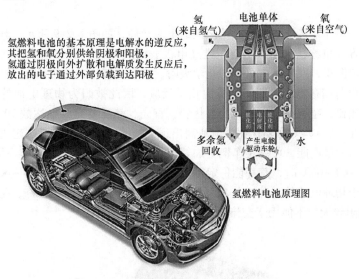

氢燃料电池的基本原理是电解水的逆反应，其把氢和氧分别供给阴极和阳极，氢通过阴极向外扩散和电解质发生反应后，放出的电子通过外部负载到达阳极

图 1-2-7　氢燃料电池原理

　　就当今市场而言，燃料电池汽车离我们并不遥远。据报道，世界首款量产燃料电池汽车丰田 FCV 于 2017 年 3 月在日本正式销售，如图 1-2-8 所示。该车配备了两个 70MPa 的高压燃料堆，输出功率为 90kW，续驶里程可达 700km（日本 JC08 工况下）。除此之外，其添加燃料仅需 3min，相比传统电动汽车的充电时间要快上很多。目前在日本与之相关的各种政策也相继制定出台。

丰田FCV是首款燃料电池量产车型，其采用氢燃料电池技术，续航里程超过700km，且单次燃料加注时间仅需3min

图 1-2-8　丰田 FCV 燃料电池汽车

想一想

燃料电池不工作时有电吗？

2. 物理电池

物理电池，顾名思义，就是依靠物理变化来提供、储存电能的电池，如超级电容、飞轮电池等都属于物理电池的家族成员。

（1）超级电容

超级电容是一种介于传统电容与电池之间的电源元件，如图1-2-9所示。其主要依靠双电层和氧化还原赝电容（也称法拉第准电容，是在电极表面或体相中的二维或准二维空间上，电活性物质进行欠电位沉积，发生高度可逆的化学吸附、脱附或氧化、还原反应，产生和电极充电电位有关的电容）电荷储存电能，期间不发生化学反应，因此被归为物理电池的范畴。与之前所介绍的化学电池相比，超级电容有三大明显优势：首先，其反复充放电达数10万次（传统化学电池只有几百至几千次），寿命要比化学电池高出很多；其次，超级电容在充放电时的功率密度极高，瞬间可放出大量电能，可满足车辆更加宽泛的电力需求；第三，工作环境适应能力更佳，通常室外温度在 -40~65℃时，其都能稳定正常工作（传统电池一般为 -20~60℃）。

超级电容属于物理电池的一种，其功率密度极高，可达300~500W/kg，是普通电池的5~10倍，不过其内阻较大，不能用于交流电路。

图1-2-9　超级电容

当然，有优势就会有不足，能量密度低就是制约超级电容发展的首要瓶颈。所以，目前其主要应用于车辆起动系统、军事及少量公交车辆（图1-2-10），至于是否将来可作为家用车动力电源使用，还需等能量密度难题有所突破后方可知晓。

2010年上海世博会时，61辆超级电容公交车投入运营。虽然其充电时间很短，仅需几十秒，但续驶里程只有3~5km，因此距进入百姓家庭还有不小差距

图1-2-10　超级电容公交车

想一想

电容储存电能与电池储存电能有什么不同？

（2）飞轮电池

飞轮电池是 20 世纪 90 年代提出的一种新概念电池，也属于物理电池的一种，如图 1-2-11 所示。简单来说就是利用类似飞轮转动时产生能量的原理来实现自身充放电。

飞轮电池是根据飞轮原理设计而成的，其主要由飞轮、电动机、发电机和输入/输出电子装置共同组成。当飞轮转速上升时，电池为储能状态，反之速度下降时，电池为供能状态。

图 1-2-11　飞轮电池结构图

在 2010 年 10 月法国勒芒系列赛最后一轮中，保时捷 911 GT3 混合动力赛车首次正式使用飞轮电池技术，而其便是鼎鼎大名的保时捷 918 Spyder 的前身。不过这两款车型的飞轮电池均仅作为辅助能源使用，其功能类似于我们常见的制动能量回收系统。即便如此，我们依然有理由相信，随着技术的不断发展及价格进一步降低，飞轮电池的应用前景十分广阔。

（二）动力电池组的安全作业

混合动力汽车和电动汽车所使用的动力电池组可能会给技术人员带来很多特殊的隐患。相比传统的 12V 蓄电池，动力电池组的工作电压要高出很多。不同的动力电池组的工作电压可能会有明显的不同。以下是目前市场上一些混合动力汽车和纯电动汽车的电池组电压。

1. 混合动力汽车（近似电压）

100V　　2013 款本田 Insight（洞察者）混合动力汽车

201V　　2013 款丰田 Prius（普锐斯）混合动力汽车

300V　　2013 款福特 Fusion 混合动力汽车

2. 插电式混合动力汽车（近似电压）

207V　　2013 款丰田 Prius（普锐斯）插电式混合动力汽车

355V　　2013 款雪佛兰沃蓝达混合动力汽车

400V　　2013 款 Fisker Karma（菲斯克·卡玛）插电式混合动力汽车

3. 电动汽车（近似电压）

325V　　2013 款福特 Focus（福克斯）纯电动汽车

333V　　2013 款 Coda（科达）纯电动汽车

403V　　2013 款日产 Leaf（聆风）纯电动汽车

车辆下电（READY 为 OFF）后，动力电池组内仍有电。安全防护措施只能阻断动力电池组的电路，而不能对电池组本身做出防护。因此，在汽车上进行电池相关作业时，操作人员与动力电池组会更加贴近，进行操作时也就更加危险。在进行动力电池组维护作业的各个环节中，包括诊断、维修、拆卸、搬运、储存以及废弃处理等，操作人员一定要谨慎从事，以免触电、电池组或车辆损坏。

对于操作人员来说，动力电池组的电解液也是一个危险因素。大多数动力电池组的电解液对人体组织具有严重的腐蚀性，可能会化学烧伤人体组织，包括眼睛。有些电解液还具有易燃性。

在拆卸动力电池组之前应注意以下环节：

1) 混合动力汽车和纯电动汽车的驱动系统下电/断电（READY 为 OFF）。

2) 目视检查、现场检测和高压绝缘手套定期质检。

3) 根据汽车厂家规定对变频器电容进行放电。

4) 佩戴高压绝缘手套拆卸高压维修开关。

5) 正确使用高压仪表和表笔来测量电压数值。

6) 主动查找汽车厂家维修信息并熟悉相关维修操作步骤。

温馨提示

本章也是汽车厂家维修信息的补充，适合经过正规培训的技术人员使用。本章内容可能并不适用于某些车辆。许多汽车厂家对不同类型的混合动力汽车和纯电动汽车有不同的安全警告和注意事项。在对新能源汽车进行作业之前，一定要检查与维修车辆有关的安全警告和注意事项。

（三）高压部件的拆卸注意事项

1. 前提条件

以下的动力电池组拆卸说明只是列出了一般的工作内容和步骤：

1) 信息收集。

2) 工作区准备。

3) 车辆准备。

原则上只应遵守当前适用汽车厂家维修说明中的规定和说明。负责修理动力电池组的维修人员同样必须满足以下前提条件：

1) 资质。

2) 精准使用诊断系统和专用工具。

3) 严格遵守维修说明。

只允许具备动力电池组修理资质的维修人员进行这项工作，包括高压电车辆作业专业人员培训、高压电系统培训，特别是动力电池组修理培训。

进行故障查询时应在拆卸和打开动力电池组前使用诊断系统。只有符合检测计划且满足

"外部没有机械损伤"前提条件时，才能打开动力电池组并根据检测计划更换损坏组件。

除更换损坏组件外，不允许对动力电池组内部进行任何修理工作。例如，导线束损坏时不允许进行维修，而只能进行更换。更换损坏组件时，必须严格遵守维修说明中规定的工作步骤。使用维修说明中规定的专用工具也非常重要。维修人员满足所有上述前提条件时，就能准确并高质量地进行动力电池组修理。

（1）信息收集

必须满足一些前提条件才允许对动力电池组进行有针对性的修理工作。这些前提条件既涉及经销商也涉及维修人员。拆卸动力电池组之前，维修人员应查看汽车厂家维修信息里有关该部件的拆卸和更换（R&R）内容。有些维修信息数据库单独列出了拆卸更换程序中的具体部件注意事项。维修人员还应当查看已发布的车辆技术服务公告（TSB），并查看是否有相关的最新问题可能会影响到拆卸更换程序。

只允许在具有动力电池组维修资质的经销商处对动力电池组进行修理。在具有"基本服务"服务形式的经销商处可拆卸和安装动力电池组，但不能在动力电池组上或内部进行修理。如果根据诊断系统内的检测计划需要进行修理，必须将车辆或动力电池组运送至具有"扩展型蓄电池服务"或"全方位服务"服务形式的经销商处进行修理。

在部件拆卸和更换时可能需要使用专用维修工具（Specific Service Tool，SST）。许多动力电池组，包括一些小型电池组，必须弯下身去才能顺利取下。有些电池组则必须使用起重机或专用的带吊钩的电池组举升装置才能拆下来。比如，必须使用动力电池组的维修开关作为工具才能拆卸图 1-2-12 所示的安全按钮，然后方可拆下电池模组盖。这样的设计也保证了技术人员在拆下盖子之前高压维修开关就已经拆除。

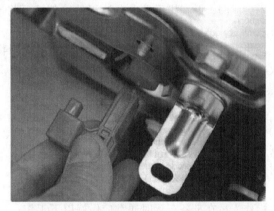

图 1-2-12　丰田普锐斯电池模组盖拆卸工具

大型动力电池组必须使用起重设备才能拆卸，通常应用在插电式混合动力汽车或纯电动汽车上。几乎所有大型电池组都为锂离子电池组。

许多大型电池组必须从汽车下方进行拆卸，因为大型电池组重达 363kg 以上。有些车辆起重机可能没有足够的两侧间隙用以拆卸电池组，特别是拆卸较宽的大型电池组。

用于支撑和降落电池组的升降台必须能够完全承受电池组的重量，如图 1-2-13 所示。升降台的平台要足够长、足够宽，才能够支撑电池组。许多汽车制造商对其动力电池组适用什么样规格的升降台有明确的资料介绍。

车辆制造商可能建议或要求在动力电池和升降台之间加一个托盘，以减少拆卸和安装过程中动力电池组的挠曲变形。有很多制造商要求将电池组绑在升降台上，然后才能将其落下。在拆卸电池组之前，请务必查看生产商关于动力电池组的拆卸和存储操作步骤。

最重要的专用工具包括：

1）可移动总成升降台以及用于拆卸和安装动力电池组的适配接头套件。

2）动力电池组电池模组充电器。

3）用于修理动力电池组后进行试运行的性能测试仪。

4）用于拆卸和安装电池模组的起重工具。

5）用于松开动力电池组内部卡子的塑料装配楔。

6）用于动力电池组的起重横梁。

7）隔离带。

8）建议使用带发光条的黄色警示锥筒。

图 1-2-13 动力电池组拆装升降台

（2）工作区准备

拆卸动力电池组时，操作人员必须准备一个绝缘台面用于放置拆下来的动力电池组。如果不使用绝缘台面，发生电解液泄漏的动力电池组就会通过工作台短接到地面。有些销售高压绝缘手套的厂家也可能销售绝缘垫，用于铺设在工作台上起绝缘作用。

如果动力电池组的冷却系统为水冷式冷却系统，在拆卸动力电池组之前必须小心确保将其冷却回路内的冷却液尽可能完全排干。操作人员应将汽车的膨胀水箱口盖住，确保水箱中的冷却液不会泄漏，并在排干动力电池组的冷却液后将冷却回路的入口和出口盖住，以确保没有异物进入。

动力电池组修理工位必须洁净（无油脂、无污物、无碎屑）、干燥（无溢出液体），且无飞溅火花（不靠近车身维修区域）。因此必须避免紧靠车辆清洗场所（清洗车间）或车身修理工位。如有可能应使用活动隔板进行隔离。

为了防止未经授权人员（资质不够的工作人员、客户、到访者等）进入工位以及无法确保操作安全，应使用隔离带（图 1-2-14）。离开工作区域时建议放置黄色警告标志。

（3）准备车辆

操作人员在准备车辆时通常应做好以下工作：

1）确保拉上车辆的驻车制动器。

2）关闭车辆的驱动系统（READY 为 OFF）。

3）断开车辆的 12V 辅助电池。

4）留出足够的时间让变频器电容充分放电。

5）拆下车辆的维修开关（不是每种车型都有维修开关）。

图 1-2-14 维修工位隔离

许多混合动力汽车和纯电动汽车须在车辆 12V 辅助电池断开连接之前和/或之后采取特殊的防护措施。这些防护措施包括但不限于：

1）车辆下电后（READY 为 OFF），须等待维修手册中规定的时间，然后方可断开 12V 辅助电池。

2）断开 12V 辅助电池后，须等待规定的时间，然后方能进行车辆作业。

某些客车或货车的舱门须保持打开才能将车辆的辅助电池重新连接上，而且舱门不能用机械钥匙打开。这种情况下，操作人员必须让舱门保持打开状态，并采取措施以确保舱门不会无意中被其他人关上。

　　具体的变频器电容放电所需时间，参见汽车厂家维修信息。某些车辆要求在下电且拆下维修开关之后，至少需要10min等待时间以便变频器电容放电。

　　有些汽车制造商要求在拆卸锂离子电池组之前必须放电到规定的荷电状态（SOC）以下。有些制造商要求操作人员在拆卸电池组之前必须检查电池组温度传感器的温度显示，确保电池组温度降至规定温度以下。

　　在拆卸动力电池之前，操作人员必须从正在运转的车辆的数据流中收集此类信息。

2. 部件拆卸

　　在对高压部件进行拆卸时，通常要求操作人员测量相关位置的电压。测量结果表明这些测试点处都无电压，然后方可拆卸高压部件。如果有内部面板影响操作人员靠近高压部件，则可能需要使用特殊的工具来拆除面板。

　　高压测试点处的电压测量操作内容见《新能源汽车电学基础与高压安全》。在了解部件拆卸程序（见汽车厂家维修信息）后，操作人员应检查并测试所佩戴的高压绝缘手套，确认高压仪表和表笔能够正常工作，然后再对测试点进行电压测量，确认无电压或电压很微小。任何暴露的高压端子和连接部件在断开连接后都要立即使用绝缘胶带进行固定。

　　掉落的紧固件、工具或其他导电物体都可能造成高压部件暴露部分出现短路。为了降低短路的风险，操作人员在进行车辆作业之前应做好以下工作：

　　1）取下首饰。

　　2）从衬衫口袋取出金属物品。

　　在进行车辆作业过程中，操作人员需要进行以下操作：

　　1）拆卸过程中，将所有松动零件和紧固件从车上取下并存放好。

　　2）拆卸紧固件时，应避免在棘轮扳手上使用万向接头。

　　万向接头可能会意外转动触碰其他地方，从而造成短路。松动的零件和紧固件也可能会导致短路。操作人员应按照要求使用绝缘工具，尤其是在进行动力电池组作业时更是如此。

　　拆卸盖板前应清除动力电池组盖板区域内的残留水分和较大的杂质。

　　进行每项工作步骤之时、之前和之后应对作业组件进行仔细直观检查。例如，拆卸某一组件时应检查由此松开的其他组件是否损坏。

　　壳体或内部高压组件损坏时（微小划痕情况除外），必须联系技术支持部门。为安全起见，应立即停止动力电池组作业。

　　为修理动力电池组而打开壳体端盖后首先应直观检查是否存在机械损伤。

　　在打开的动力电池组内进行作业前必须使固定在壳体内部、电池模组之间的高压导线与接口侧断开，从而中断串联连接。

　　拔下和插上电池管理系统（BMS）的绝缘监控导线时必须特别小心，因为在较细导线上存在高电压。拔下插头时必须注意，不要拉动导线。

　　插上时必须检查电池管理系统（BMS）上绝缘监控导线的插头是否正确锁止。如果未正确锁止，可能会无法识别绝缘故障。

在整个作业过程结束之前，操作人员如果必须离开工作区域，应该重新安装好部件的安全盖，关闭车辆的前机舱盖和行李舱盖，并锁上车辆，带走车辆钥匙。在电池模组盖子被拆下的情况下，应盖上拆下的壳体端盖并通过拧入几个螺栓防止无意间打开，用隔离带隔开工作区域，车辆的动力电池组必须有人看管。

许多高压部件很重，需要两个人才能将其搬离车辆。有些高压部件太重不能用手取出，必须用特殊的设备才能拆下。

在高压组件或连接件上，或在其附近不要使用带有尖锐刀口或边缘的工具或物体。例如，禁止使用螺钉旋具、侧面切刀、刀具等。允许使用装配楔（"鱼骨"）。在12V车载网络导线束上允许使用侧面切刀打开导线扎带。不允许切开高压导线上的扎带。可以松开卡子或将高压导线连同支架部件一起拆卸。

拆卸和安装电池模组时，松开螺栓和进行拆卸时必须注意，不要松开电池模组上的塑料盖板，下面装有导电电池接触系统。

如果不小心取下塑料盖板后不允许再进行组装。必须通知技术支持部门。

动力电池组内部有杂质时，明确原因后应对相关部位进行仔细清洁。同时使用以下清洁剂和设备：

1）酒精。

2）风窗玻璃清洗液。

3）玻璃清洗液。

4）蒸馏水。

5）带塑料盖的吸尘器。

不要将任何工具遗忘在设备内，关闭壳体端盖前检查工具箱内的工具是否完整。丢失或掉落在动力电池组内的小部件或螺栓务必要取出。为确保修理动力电池组时不丢失螺栓，建议使用磁力工具。

热交换器采用非常扁平的设计结构，这导致拆卸和安装热交换器时损坏风险较高，因此必须始终由两个人来拆卸和安装。进行热交换器拆装操作时必须非常谨慎，因为热交换器损坏（弯曲、凹陷）时无法确保对电池组进行冷却，这样会使车辆续驶里程和功率明显下降。重新安装前必须使用规定清洁剂清洁密封垫和密封面（排气单元、高压插头、12V插头、热交换器接口）。

电解液的主要部分依附在固体阴极材料锂镍锰钴氧化物内和固体阳极材料石墨内。动力电池组内的自由电解液量非常小。出现泄漏情况时可能会释放电解液和溶剂蒸气，接触皮肤或眼睛后需用大量清水进行冲洗并马上就医。发生火灾时主要会产生易燃气体、污浊气体和对健康有害的物质，例如一氧化碳、二氧化碳、氢气和碳氢化合物。注意切勿吸入，应供给充足新鲜空气。呼吸停止时应进行人工呼吸并马上就医。发生火灾时应通知消防部门，立即清理区域并保护事故地点。在不造成人员伤害的情况下进行灭火并使用相应灭火剂（例如水）。

3. 电气和机械诊断

首先分析影响拆卸的故障（例如双重接触器贴标），再分析无法准确说明的动力电池组内部状态的故障（例如内部绝缘），然后根据诊断结果确定修理措施并打印位置图。

注意：只有完成动力电池组修理工作后才允许删除故障码存储器记录。需要更换电池模组时，应确定正常电池模组的充电状态和电压水平。

更换所有电池模组时,使用新电池模组的充电状态作为参考值。读取时,将充电器/放电器连接在新电池模组上,读取充电状态/电压并将其用作所有其他电池模组的电压。

直观检查处于安装状态的壳体、接口以及排气单元是否存在污物和损坏。排气单元隔膜损坏可能说明电池损坏。如果是这种情况,则在打开动力电池组进行内部结构检查时需要特别小心。

温馨提示

从车辆上拆卸下来动力电池组,只能阻断其电路,电池组内仍有高压电危险。因此,在汽车上进行电池相关作业时,操作人员与动力电池组会更加贴近,进行操作时也就更加危险。在进行动力电池组检修作业的各个环节中,包括诊断、维修拆卸、搬运、储存以及废弃处理等,操作人员一定要谨慎从事,以免触电、电池组或车辆损坏。

四、任务实施

(一)任务准备

安全防护:做好车辆安全防护与隔离(车内外三件套、车轮挡块、警示隔离带等)。

工具设备:数字万用表、兆欧表、绝缘防护用品、绝缘工具套装、常规工具套装、道通MS908汽车智能诊断仪、充电桩、动力电池拆装举升台。

台架车辆:比亚迪e5教学版和普锐斯整车。

辅助资料:汽车维修手册、道通MS908汽车智能诊断仪使用说明书、教材。

(二)实施步骤

1. 动力电池组拆卸准备工作

1)专用工具和常用工具一套(图1-2-15)。

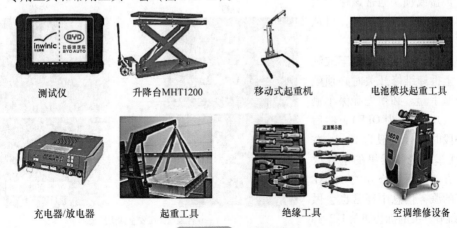

| 测试仪 | 升降台MHT1200 | 移动式起重机 | 电池模块起重工具 |

| 充电器/放电器 | 起重工具 | 绝缘工具 | 空调维修设备 |

图 1-2-15 拆卸工具

2）拆卸隔离工位（图1-2-16）。

3）抽吸制冷剂（图1-2-17）。

如该车辆通过制冷剂进行动力电池组冷却，需抽吸制冷剂。

图 1-2-16　拆卸隔离工位

图 1-2-17　回收制冷剂

4）高压中止标准流程操作。

① 首先，踩下制动踏板，按下P位按键；如果无法换到P位，使用驻车挡块防止车辆移动。

② 戴上经认可的安全绝缘防护手套，断开维修开关（如有）或HV熔体和12V电池的负极端子。关于电池组维修开关的详细内容在《新能源汽车电学基础与高压安全》课程中已有涉及。维修开关的低压和高压电路可在车辆电气接线图中找到。有些汽车制造商要求操作人员在拆下维修开关后安装一个维修开关的保护盖或锁。通常该保护盖或锁不属于车辆的标配部件，可从车辆制造商处另外购买。

操作人员从混合动力汽车或纯电动汽车上拆卸维修开关时必须戴上高压绝缘手套。必须先确保车辆已经断电（READY为OFF），然后再等待一段时间（一般为10min左右），以便车辆变频器里的电容放电之后，方能拆下维修开关。这在汽车厂家的服务信息中通常也会做出说明。维修开关的拆装如图1-2-18所示。

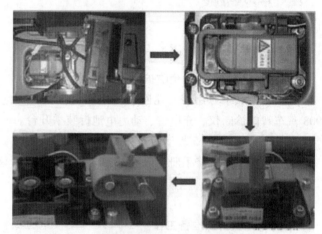

a) 比亚迪e5断开高压安全插头顺序

拆卸　　　　　　　　安装

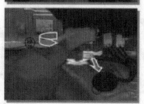 

可听到滴答声

b) 普锐斯高压安全插头拆装顺序

图 1-2-18　维修开关的拆装

③ 确定高压系统断电：

● 在开始检查前等待 10min（电容放电）。

● 任意找一处将高压插头拔出，并注意不要触碰插脚，防止高压触电。

● 通过测量 12V 蓄电池电压的方式来核实数字万用表好坏。否则需要维修或者更换数字万用表。

● 若数字万用表正常，则使用该数字万用表测量高压系统上的电压是否已经被断开。每两个端子之间的电压以及每个端子与底盘接地之间的电压都应为 0V。

● 再次使用数字万用表测量 12V 蓄电池的电压以核实万用表好坏。若数字万用表正常，且端子间或端子与底盘接地间电压测量值都为 0V，说明高压系统已成功断电（图 1-2-19）。

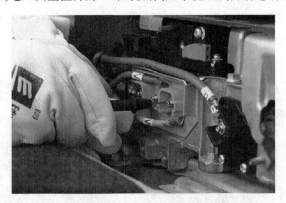

图 1-2-19　高压断电电压确认

2. 动力电池组的拆卸

注：此流程是结合前面任务进行，如单独操作需要做好准备工作。

本节以动力电池组安装在底盘下方为例进行拆卸。普锐斯镍氢蓄电池安装在行李舱内，拆卸步骤见相关维修手册。

1）断开高低压插头连接，并做好防潮保护和对接标签。拆装高压接口时，注意锁止机构锁片的字母提示（图 1-2-20）。

锁片处于OPEN位置才可拆、装

图 1-2-20　断开比亚迪 e5 动力电池组高低压插头

2）升降台准备工作，如图 1-2-21 所示（无专用工具，可使用 1000kg 的液压车）。

① 校正固定架时应注意将动力电池组放平并用定心销固定住以防滑动。

② 动力电池组的托盘一般通过螺栓以机械方式与车身连接在一起。通过这种方式可使重力以及行驶期间产生的加速力作用在车身上。固定螺栓可直接从下方接触到，不必事先拆卸底部饰板。拆卸动力电池组时必须首先进行维修说明中规定的所有准备工作（诊断、切换为无电压等）。松开固定螺栓前必须将下降高度专用工具（可移动总成升降台 MHT 1200）固定在动力电池组下方，但不要抬起车辆（图 1-2-22）。

3）松开动力电池组固定螺栓（图 1-2-23）。有些车辆通过一个电位补偿螺栓在壳体与托盘之间建立电气连接。动力电池组密封盖与接地之间的低电阻连接是确保自动绝缘监控功能正常运行的重要前提条件。因此该电位补偿螺栓必须施加正确拧紧力矩。

此外还应注意，无论是动力电池组密封盖还是托盘都不允许在相应开孔处涂漆、有腐蚀或污物。安装电位补偿螺栓前必须根据需要裸露出金属。

图 1-2-21　固定调整动力电池升降台

图 1-2-22　举升动力电池升降台到合适位置

4）用升降台缓慢抬出动力电池组，如图 1-2-24 所示（抬出时应注意不要夹住管路和电缆）。

图 1-2-23　拆卸动力电池组固定螺栓

图 1-2-24　降下动力电池组

5）使用隔离带将拆卸的动力电池组区域隔离，并且应有拆卸的专用工具和摆放零件的工作台（图1-2-25）。

动力电池组
的拆卸

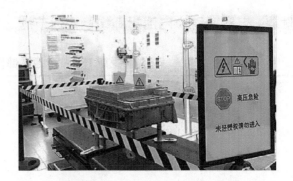

图1-2-25　动力电池组拆解专修区

五、学习检查

任务	1. 对现场提供的比亚迪 e5 整车和丰田普锐斯进行动力电池组的拆卸。 2. 在拆卸过程中进行动力电池组高压线束绝缘电阻的测量、动力电池组断电电压和漏电电压的测量。
笔记	

附录　普锐斯动力电池拆卸维修手册节选

普锐斯 HV 蓄电池零部件

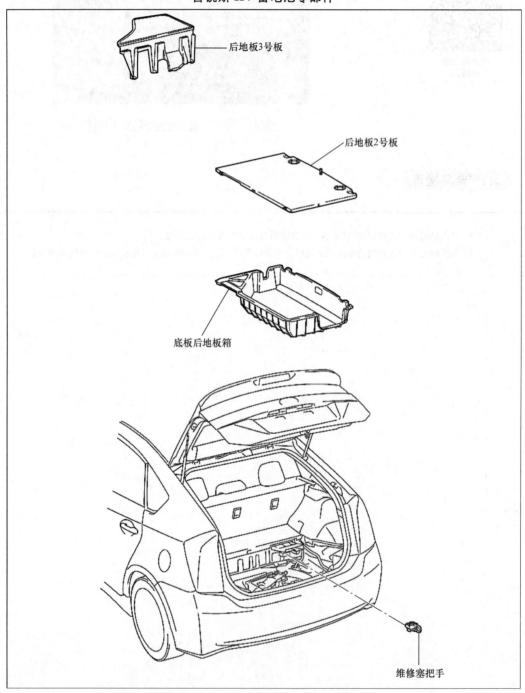

后地板3号板

后地板2号板

底板后地板箱

维修塞把手

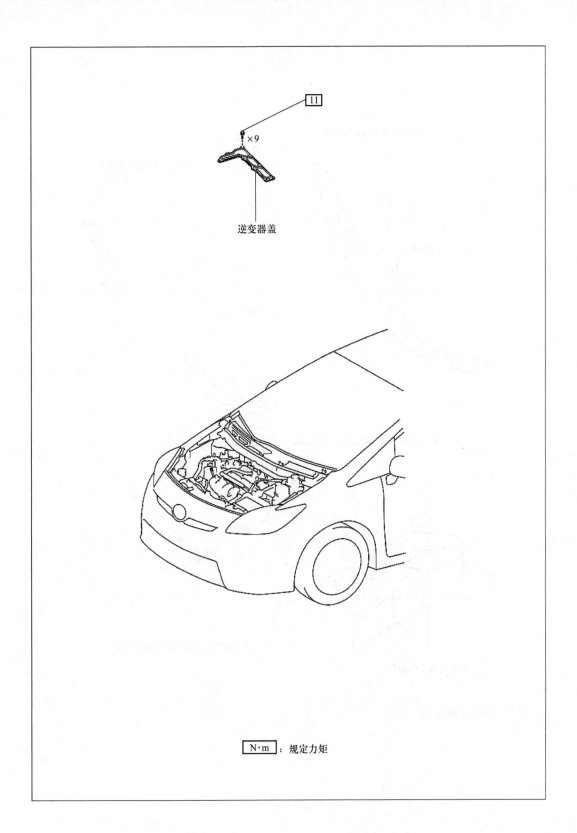

11

×9

逆变器盖

N·m：规定力矩

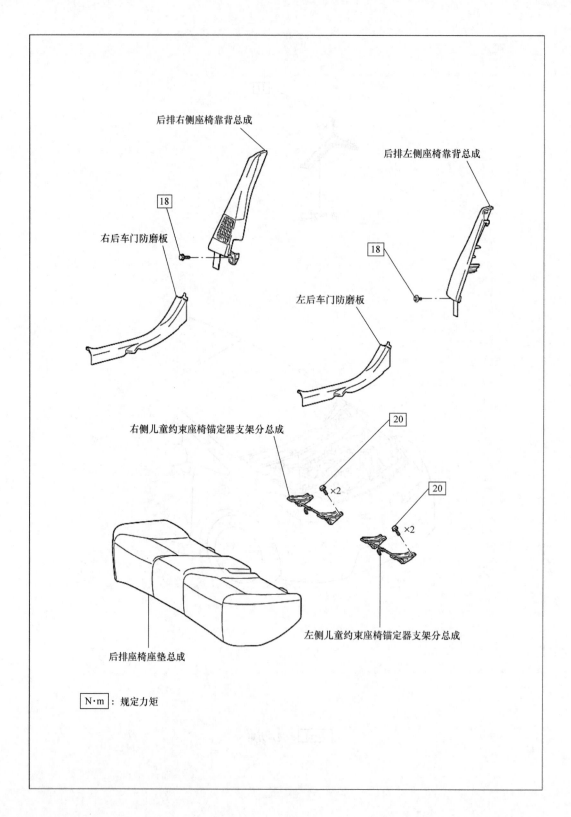

后排右侧座椅靠背总成

后排左侧座椅靠背总成

18

右后车门防磨板

18

左后车门防磨板

右侧儿童约束座椅锚定器支架分总成

20

×2

20

×2

左侧儿童约束座椅锚定器支架分总成

后排座椅座垫总成

N·m：规定力矩

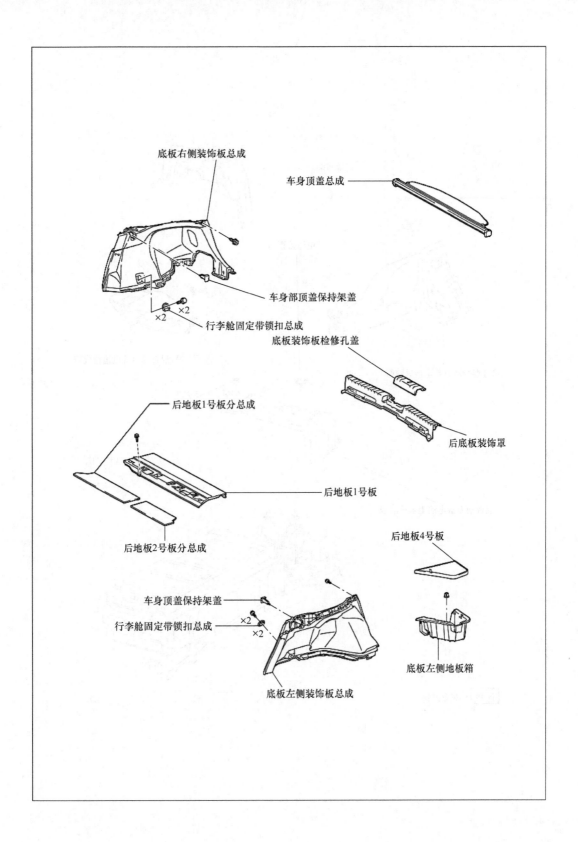

底板右侧装饰板总成

车身顶盖总成

车身部顶盖保持架盖

×2 ×2

行李舱固定带锁扣总成

底板装饰板检修孔盖

后地板1号板分总成

后底板装饰罩

后地板1号板

后地板4号板

后地板2号板分总成

车身顶盖保持架盖

×2

行李舱固定带锁扣总成

×2

底板左侧装饰板总成

底板左侧地板箱

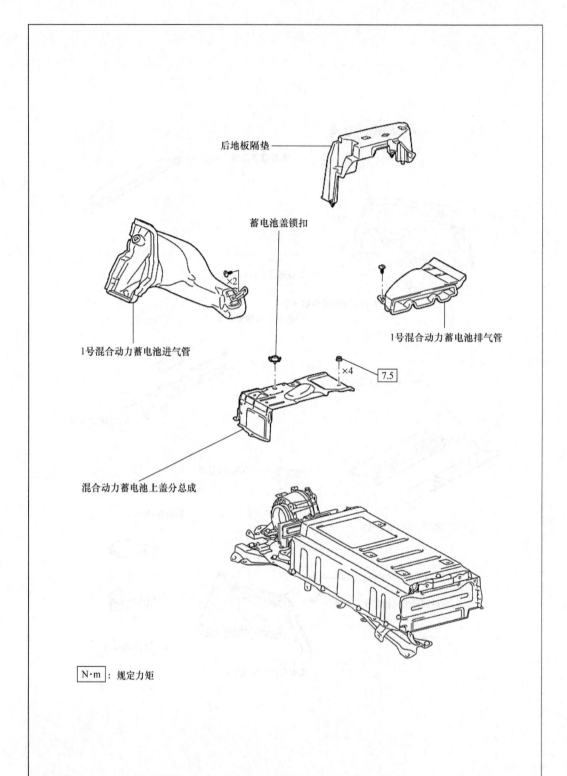

后地板隔垫

蓄电池盖锁扣

1号混合动力蓄电池进气管

1号混合动力蓄电池排气管

×4   7.5

混合动力蓄电池上盖分总成

N·m ：规定力矩

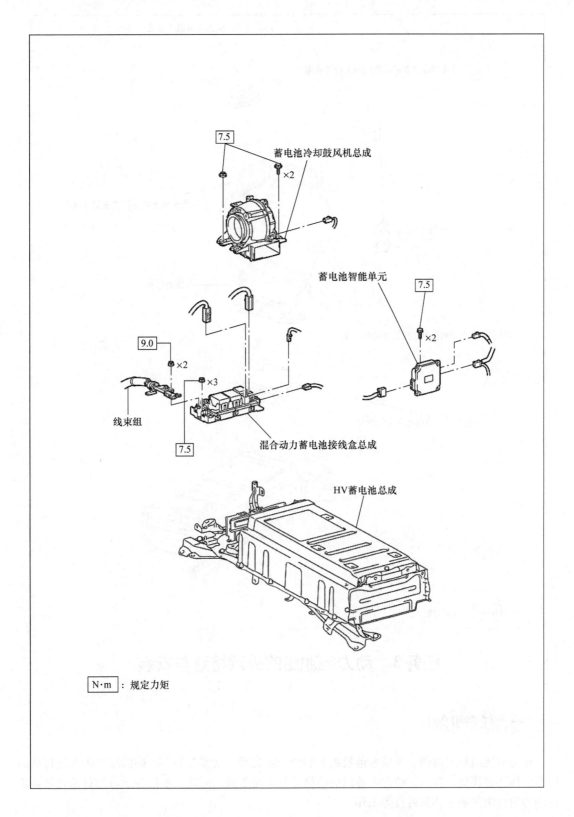

7.5 蓄电池冷却鼓风机总成 ×2

蓄电池智能单元 7.5 ×2

9.0 ×2

×3

线束组

7.5 混合动力蓄电池接线盒总成

HV蓄电池总成

N·m ：规定力矩

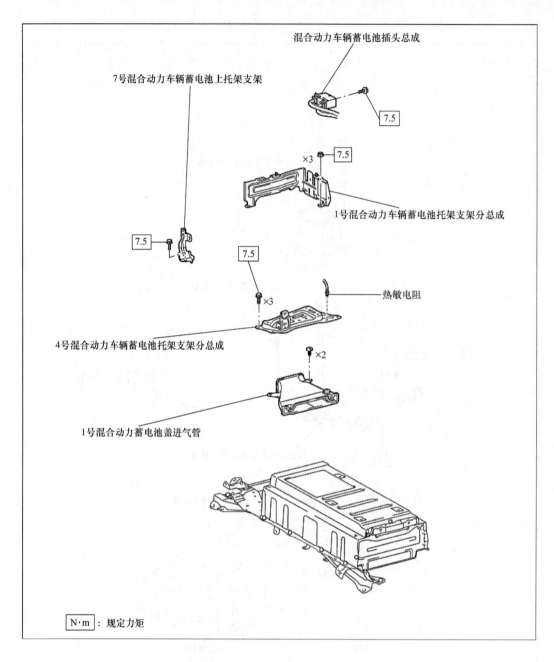

混合动力车辆蓄电池插头总成

7号混合动力车辆蓄电池上托架支架

7.5

×3 7.5

1号混合动力车辆蓄电池托架支架分总成

7.5

7.5

热敏电阻

×3

4号混合动力车辆蓄电池托架支架分总成

×2

1号混合动力蓄电池盖进气管

N·m：规定力矩

任务3 动力电池组的外观检查与安装

一、任务引入

　　动力电池组经过检测、更换电池模组和容量均衡之后，就需要装车、删除故障码并进行试运行等整体性能评估。自此，动力电池组的检修才算大功告成。因此，本任务学习的目的就是会进行动力电池组的装车和试运行等工作。

知识要求：

1）掌握动力电池组安装规范及注意事项。

2）熟悉动力电池组整体性能评估的指标参数。

技能要求：

1）会进行动力电池组的外观检查。

2）会合力完成动力电池组的安装。

3）能够进行动力电池组整体性能评估。

职业素养要求：

1）严格执行汽车检修规范，养成严谨科学的工作态度。

2）尊重他人劳动，不窃取他人成果。

3）养成总结训练过程和结果的习惯，为下次训练总结经验。

4）养成团结协作精神。

5）严格执行 5S 现场管理。

三、相关知识

（一）动力电池组的外部特征

动力电池组最重要的外部特征是高压导线或高压接口和 12V 车载网络接口，如图 1-3-1 所示。为了对动力电池组进行冷却，部分新能源车辆的动力电池组还具有冷却系统（冷却鼓风机、冷却水泵或制冷剂）接口。可在无须拆卸动力电池组的情况下断开导线（高压导线和 12V 车载网络接口）和制冷管路。动力电池组上的提示牌向进行相关组件作业的人员说明所用技术及可能存在的电气和化学危险。动力电池组位于车内空间以外。如果由于严重故障导致电池产生过

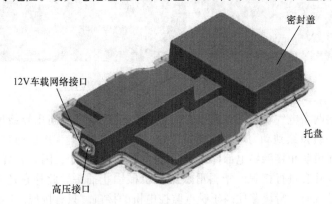

图 1-3-1 比亚迪 e5 动力电池组外部特征

37

压，不必通过排气管向外排出所产生的气体。通过动力电池组壳体上的一个排气口便可进行压力补偿。

1. 机械特征

动力电池组的密封盖一般通过几十个螺栓加密封胶以机械方式与托盘连接在一起。在动力电池组密封盖上一般粘贴有几个提示牌，如一个型号铭牌和两个警告提示牌。型号铭牌提供逻辑信息（例如电池参数标签和电池编号）和最重要的技术数据（例如额定电压）。两个警告提示牌提醒注意动力电池组采用锂离子技术且电压较高以及可能存在的相关危险。图1-3-2展示了动力电池组上提示牌的安装位置和托盘螺栓固定力矩。

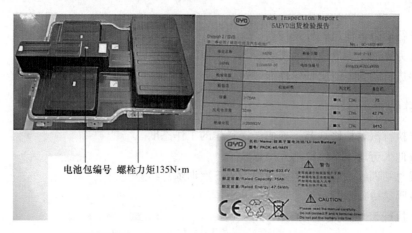

图 1-3-2　比亚迪 e5 动力电池组密封盖上的提示牌

2. 电气接口

（1）高压接口

在动力电池组上带有一个 2 芯高压接口，动力电池组通过该接口与高压车载网络连接，如图1-3-3所示。

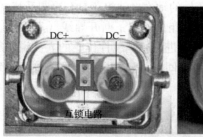

图 1-3-3　比亚迪 e5 动力电池组高压接口

围绕高压导线的两个电气触点还各有一个屏蔽触点。这样可使高压导线屏蔽层（每根导线各有一个屏蔽层）一直持续到动力电池组密封盖内，从而有助于确保电磁兼容性（EMV）。

此外高压接口还可防止接触导电部件。实际触点带有塑料外套，因此人员无法直接接触。只有连接导线时才压开外套进行接触。塑料滑块用于机械锁止插头。此外它还是安全功能的组成部分：未连接高压导线时，滑块盖住高压触点监控电桥的接口。只有按规定连接高压导线且插头已锁止时，才能接触到该接口并插上电桥。这样可以确保只有连接了高压导线时高压触点监控电路才闭合。该原理适用于新能源汽车的所有高压接口，即动力电池组、电机控制器、车载充电器和电机装置上的高压接口。因此只有连接所有高压导线后，高压系统才会启用。这样可以防止接触可能带电的接触面。

（2）高压互锁电路

互锁电路是一种低压电路，在被断路时向控制模块发出信号，或者当动力电池组的维修开关被部分或完全拆下时主动断开电路。然而，维修开关上的互锁电路通常并不是汽车上唯一的互锁电路。

新能源汽车基本都会在整车的关键连接部件上使用低压互锁电路，比如说在高压电缆连接插头处或保护盖上。这样做的目的是确保在高压系统某部分被断接或暴露的情况下，车辆高压系统能够立刻断开（READY 为 OFF）。有些车辆还会采用这样的设计：只有互锁电路断开，同时车辆以小于每小时几千米的速度行驶或者停车时，汽车才会断电。

为了防止维修开关被意外装回，在维修开关安装回车辆后，车辆的高压电路能够恢复连接，但是低压互锁仍处于断开状态。因为维修开关的工作原理为恢复高压部分电路，而互锁装置需确保即使在高压电路被恢复的情况下车辆也不会马上通电，只有在维修开关重新装回且互锁开关也被恢复的情况下，才能完成全部的电路复原。如果技术人员疏忽这一步，即便把电池组重新连接回车辆了，也无法打开车辆的点火开关使车辆成功上电（READY 为 ON）。而且在这种情况下，汽车的显示屏可能会显示故障码（DTC）。关于重新安装高压维修开关的正确步骤，还需参见汽车厂家的维修信息。

像动力电池组的所有其他组件一样，高压接口可作为独立部件进行更换。前提条件是具有经过培训认证的售后服务人员且严格遵守维修说明。

（3）12V 车载网络接口

12V 车载网络接口为集成式控制单元提供电压、总线信号、传感器信号和监控信号，如图1-3-4所示。

（二）动力电池组安装注意事项

在将大型动力电池组从原包装中取出前，必须确保包装良好，并且所有说明书和资料都完整不缺。有些制造商要求技术人员在安装电池组之前要对电池组外壳进行低压力测试。技术人员通常使用手泵或烟雾机进行检测，目的是确保外壳不会发生泄漏。有些汽车制造商使用特殊的定位销，用以帮助引导大型动力电池组安装到位。这些定位销作为专用维修工具（SST）可从车辆制造商那里购买。

图 1-3-4　比亚迪 e5 动力电池组低压接口

（三）动力电池组性能测试

1. 动力电池组装车前的性能测试

为确保一次性安装，部分新能源汽车在动力电池组装车前，需要使用专用测试仪进行最终测试，以宝马新能源车为例，如图 1-3-5 所示。

安装前必须使用专用测试仪（End of Service "维修结束"）进行测试。安装适用于排气单元

图 1-3-5　专用测试仪

的检测适配器。连接用于压力接口、高压插头和 12V 车载网络插头的检测接口，如图 1-3-6 所示。

图 1-3-6　动力电池组上的接口

2. 动力电池整体性能测试

图 1-3-7 所示为开始进行整体性能测试。首先进行密封性测试，随后进行耐压强度、绝缘电阻和绝缘监控测试。然后读取故障码存储器记录，如果没有故障就会输出测试代码。如果故障码存储器中有记录，且从车上拆下动力电池组前通过诊断系统读取时便存在这些故障，可在诊断系统内重新将其调出，可询问客户是否增项处理。如果增加了新的故障码存储器记录，为了明确识别以及出于安全原因，可将动力电池组装入车内，通过诊断功能调出相关故障并进行故障排除。

图 1-3-7　整体性能测试

四、任务实施

（一）任务准备

安全防护：做好车辆安全防护与隔离（车内外三件套、车轮挡块、警示隔离带等）。

工具设备：数字万用表、兆欧表、绝缘防护用品、绝缘工具套装、常规工具套装、动力电池拆装举升台、充电桩。

台架车辆：普锐斯整车、比亚迪 e5 教学版整车。

辅助资料：维修手册、充电桩使用说明书、教材。

（二）实施步骤

1. 动力电池组外观评估

1）电池组密封盖密封完好、无变形破损。

2）电池组接线盒盖正常，接插件型号及引出线束正常、无损坏。

3）电池组外观无斑点、锈蚀、油污。

4）电池组插接器装配正确，且总正、总负有明确的标识或防呆设计。

5）动力电池组安装孔尺寸公差应满足 GB/T 6414—2017 中的有关规定。

6）动力电池组外部有强电指示，且有铭牌。

2. 动力电池组的安装

佩戴绝缘手套，用万用表测试更新的动力电池组母线是否有电压输出，没有电压输出就更换装车。在第二个人的帮助下使用总成升降台小心使动力电池组移回车辆下方。抬起动力电池组时必须注意锁止件和中间位置，而且不允许将总成升降台抬得过远；确保平整、密封。佩戴绝缘手套，安装托盘的紧固件，比亚迪 e5 的拧紧力矩为 135N·m，如图 1-3-8 所示。

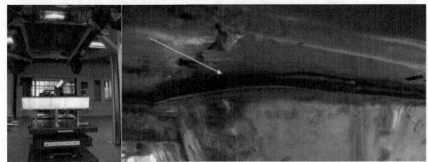

图 1-3-8 安装动力电池组

如果是通过动力电池组托盘和底盘之间进行电位补偿的，最后还需要拧入电位补偿螺栓（线），如图 1-3-9 所示。

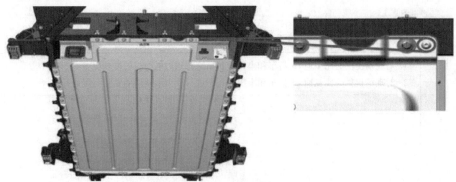

图 1-3-9 安装补偿螺栓（线）

佩戴绝缘手套，连接动力电池组直流母线接插件，然后连接电池管理系统或电池信息采样通信线接插件，装上低压电池负极，整车上电，在诊断系统内进行动力电池组检测诊断（写入该动力电池组的实际容量及 SOC、删除故障码等），最后对整车进行试运行，确保无故障。

3. 动力电池组装车后的容量标定

比亚迪 e5 车辆更换电池模组或者电池管理器时，必须使用诊断设备在 BMS 中写入该电池模组的实际容量及 SOC，否则将引起行驶掉电快、SOC 跳变等问题。更换电池模组时，根据电池模组出货检验报告单上的数据标定电池容量和 SOC；更换电池管理器时，根据原车电池组数据标定电池容量和 SOC，如图 1-3-10 所示。

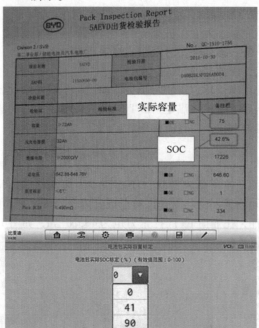

图 1-3-10　比亚迪 e5 电池容量和 SOC 标定

五、学习检查

任务	1. 对现场提供的比亚迪 e5 整车和丰田普锐斯进行动力电池组的外观检查。 2. 对现场提供的比亚迪 e5 整车和丰田普锐斯进行动力电池组的安装与试运行。
笔记	

项目2

不同类型动力电池组的技术分析

项目描述

本项目共四个学习任务，分别是：

任务1：镍氢蓄电池的技术分析。

任务2：锂离子电池的技术分析。

任务3：燃料电池的技术分析。

任务4：超级电容电池的技术分析。

通过以上四个任务的学习，熟悉不同类型的动力电池组的技术特点；掌握当前主流的镍氢电池、锂离子电池PACK系统的结构特征，并说出各组件功能；会进行电池模组的更换和检测评估。

任务1 镍氢蓄电池的技术分析

一、任务引入

目前在美、日等发达国家很多油电（非插电式）混合动力汽车使用镍氢（NiMH）蓄电池组。本节以丰田普锐斯为例介绍镍氢蓄电池结构、原理，对动力电池组的内部技术进行解析。

二、任务要求

知识要求：

1）了解镍氢蓄电池的结构原理。

2）熟悉接触器的作用和控制逻辑。

3）掌握常见线路（电压、电流、温度）的控制逻辑。

技能要求：

会对接触器进行检查与更换。

职业素养要求：

1）严格执行汽车检修规范，养成严谨科学的工作态度。
2）尊重他人劳动，不窃取他人成果。
3）养成总结训练过程和结果的习惯，为下次训练总结经验。
4）养成团结协作精神。
5）严格执行 5S 现场管理。

三、相关知识

（一）镍氢蓄电池的结构特点

镍氢蓄电池是由美国人斯坦福发明的，它的正极材料是氢氧化镍（NiOH），负极则是金属氢化物，即储氢合金（MH），电解液是 30% 的氢氧化钾溶液。这里所谓的"储氢合金"是指具有很强"吸收"氢气能力的金属镍，其单位体积储氢的密度可相当于储存 1000 个大气压的高压氢气。镍氢蓄电池能量密度（电动汽车的续驶能力）与普通的锂离子电池差距并不大，为 70 ～ 100W · h/kg。

镍氢动力电池具有无污染、高比能、大功率、快速充放电、耐用性好等许多优异特性。与铅酸蓄电池相比，镍氢蓄电池具有比能量高、重量轻、体积小、循环寿命长等特点；与镍镉电池相比，其比能量是镍镉电池的两倍。另一大优点就是镍氢蓄电池不含镉、铅这类有毒金属，其中一些金属还有较高的回收价值，可称为绿色能源。

镍氢蓄电池的主要特点：

1）质量比功率高：目前商业化的镍氢功率型电池能做到 1350W · h/kg。

2）循环次数多：目前应用在电动汽车上的镍氢动力电池，80% 放电深度（DOD）循环可以达 1000 次以上，为铅酸蓄电池的 3 倍以上。100% DOD 循环寿命也在 500 次以上。在混合动力汽车中可使用 5 年以上。

3）无污染：不含铅、镉等对人体有害的金属，为 21 世纪"绿色环保电源"。

4）耐过充过放。

5）有记忆效应。

6）使用温度范围宽：正常使用温度范围 –30 ～ 55℃；储存温度范围 –40 ～ 70℃。

7）安全、可靠：短路、挤压、针刺、安全阀工作能力、跌落、加热、耐振动等安全性、可靠性试验无爆炸、燃烧现象。

（二）镍氢蓄电池的工作原理

储氢合金的关键在于能稳定地储气和放气，其工作原理是利用水的氢离子移动反应来获得电流，这时氢气在负极上被逐渐消耗掉。镍氢蓄电池正极上的活性物质为 NiOOH（放电时）和 $Ni(OH)_2$（充电时），负极上的活性物质为 H_2（放电时）和 H_2O（充电时），电解液采用 30% 的氢氧化钾溶液，充放电时的电化学反应如下，式中 e 指带电的电子。

正极：
$$\text{Ni(OH)}_2 + \text{OH}^- - e \underset{\text{放电}}{\overset{\text{充电}}{\rightleftharpoons}} \text{NiOOH} + \text{H}_2\text{O}$$

负极：
$$\text{H}_2\text{O} + e \underset{\text{放电}}{\overset{\text{充电}}{\rightleftharpoons}} \frac{1}{2}\text{H}_2 + \text{OH}^-$$

总反应：
$$\text{Ni(OH)}_2 \underset{\text{放电}}{\overset{\text{充电}}{\rightleftharpoons}} \text{NiOOH} + \frac{1}{2}\text{H}_2$$

从方程式看出，充电时，负极析出氢气，储存在容器中，正极由氢氧化亚镍变成氢氧化镍（NiOOH）和 H_2O；放电时氢气在负极上被消耗掉，正极由氢氧化镍变成氢氧化亚镍。

过量充电时的电化学反应：

正极：
$$2\text{OH}^- - 2e \rightarrow \frac{1}{2}\text{O}_2 + \text{H}_2\text{O}$$

负极：
$$2\text{H}_2\text{O} + 2e \rightarrow \text{H}_2 + 2\text{OH}^-$$

总反应：
$$\text{H}_2\text{O} \rightarrow \text{H}_2 + \frac{1}{2}\text{O}_2$$

再化合：
$$\text{H}_2 + \frac{1}{2}\text{O}_2 \rightarrow \text{H}_2\text{O}$$

从方程式看出，蓄电池过量充电时，正极板析出氧气，负极板析出氢气。由于有催化剂的氢电极面积大，而且氢气能够随时扩散到氢电极表面，氢气和氧气能够很容易在蓄电池内部再化合生成水，使容器内的气体压力保持不变，这种再化合的速率很快，可以使蓄电池内部氧气的浓度不超过千分之几。电解液不会出现增加或减少的现象，不需要调节电解液的密度，故电池本身可以采取密封结构，能实现免维护保护。

总反应：
$$\text{MH} + \text{NiOOH} \rightarrow \text{M} + \text{Ni(OH)}_2$$

镍氢蓄电池比镍镉电池更轻，使用寿命更长，并且对环境无污染。其主要缺点是价格比镍镉电池要贵很多，性能比锂离子电池要差，电解质呈碱性，对人体组织具有腐蚀性。某些镍氢蓄电池的电解质 pH 值约为 13.5，具有极强的腐蚀性。镍氢蓄电池中的"金属"部分实际上是金属氢化物，其化学反应为：电池充电时，氢氧化钾（KOH）电解液中的氢离子（H^+）会被释放出来，由这些化合物吸收，避免形成氢气（H_2），以保持电池内部的压力和体积。当电池放电时，这些氢离子便会经由相反的过程回到原来的地方。

从以上各反应式可以看出，镍氢蓄电池的反应与镍镉电池相似，只是负极充放电过程中生成物不同。镍氢蓄电池的电解液多采用 KOH 溶液，并加入少量的 LiOH。隔膜采用多孔维尼纶无纺布或尼龙无纺布等。为了防止充电过程后期电池内压过高，电池中装有防爆装置。

（三）电池充电方法

电池的充电过程通常可分为预充电、快速充电、补足充电、涓流充电四个阶段。

对长期不用的或新电池充电时，一开始就采用快速充电，会影响电池的寿命。因此，这种电池应先用小电流充电，使其满足一定的充电条件，这个阶段称为预充电。

快速充电就是用大电流充电，迅速恢复电池电能。快速充电速率一般在 1C 以上，快充时间由电池容量和充电速率决定。

为了避免过充电，一些充电器采用小电流充电。镍氢电池正常充电时，可以接受 $C/10$ 或更低的充电速率，这样充电时间在 10h 以上。采用小电流充电，电池内不会产生过多的气体，电池温度也不会过高。只要电池接到充电器上，低速率恒流充电器就能对电池提供很小的涓流充电电流。电池采用小电流充电时，电池内产生的热量可以自然散去。

涓流充电的主要问题是充电速度太慢，例如，容量为 $1A \cdot h$ 的电池，采用 $C/10$ 充电速率时，充电时间要 $10h$ 以上。此外，电池采用低充电速率反复充电时，还会产生枝晶。大部分涓流充电器中，都没有任何电压或温度反馈控制，因而不能保证电池充足电后，立即关断充电器。

快速充电分恒流充电和脉冲充电两种，恒流充电就是以恒定电流对电池充电。脉冲充电则是首先用脉冲电流对电池充电，然后让电池放电，如此循环。电池脉冲的幅值很大、宽度很窄。通常放电脉冲的幅值为充电脉冲的 3 倍左右。虽然放电脉冲的幅值与电池容量有关，但是，与充电电流幅值的比值保持不变。

（四）丰田普锐斯镍氢蓄电池

1. 外部特征

以丰田普锐斯为代表的很多混合动力汽车均采用镍氢蓄电池作为储能元件。第三代普锐斯的动力电池系统由动力电池模组、电池智能控制单元、接线盒、电池采样线、冷却风扇等组成，布置在行李舱内，位置如图 2-1-1 所示。

图 2-1-1 第三代丰田普锐斯动力电池组安装位置

镍氢蓄电池具有"记忆效应"，所谓电池的"记忆效应"是指如果电池每次没有放完电，如只放出 40%，那么长期使用后，剩下的 60% 容量就无法放出，这就大大缩小了电池的储存电容量，直接影响电池的使用。即电池在循环充放电过程中容量会出现衰减，而过度充电或放电，都可能加剧电池的容量损耗（锂离子电池此项特性几乎可忽略不计）。因此对于厂商来说，镍氢蓄电池控制系统在设定上都会主动避免过度充放电，如将电池的充放电区间人为控制在总容量的一定百分比范围内，以降低容量衰减速度。

2. 内部结构

通常混合动力汽车的电池组可能由一百多块电池单体组成。带充电系统的电动汽车电池组包含数百个电池单体。第三代普锐斯动力电池组内部由电池模组、传感器、电池管理器、含接触器的 HV 接线盒总成、动力电池冷却风扇（无电刷）、维修开关等组成，如图 2-1-2 所示。

（1）电池模组

镍氢蓄电池单体的额定电压为 $1.2V$，通常由六个或十个电池单体构成一块电压为 $7.2V$ 或 $12V$ 的电池模组。丰田普锐斯混合动力车型上就使用了这种 $7.2V$ 一节的电池，如图 2-1-3 所示。每节电池电容量为 $6.5A \cdot h$，实测外形尺寸为 $274mm \times 106mm \times 20mm$，质量为 $1.1kg$，由 28 节串联共计 $201.6V$。每个电池模组均不易泄漏且置于密封壳内，电池模组内的电解液是氢氧化钾和氢氧化钠的碱性混合溶液。电解液吸附在蓄电池电池板内，即使发生碰撞也不容易泄漏。

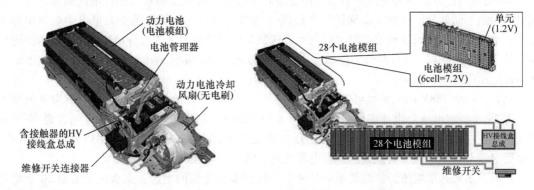

图2-1-2　丰田普锐斯动力电池组内部结构　　图2-1-3　丰田普锐斯动力电池组的构成

镍氢蓄电池的比能量超过70W·h/kg，车辆一次充电可续驶里程不长，适合在油电混合动力汽车上使用。同时其比功率可达200W/kg，在车辆加速或爬坡时能平稳持续放电来提供大功率。同时还可实现快速放电和充电，电池耐过充和耐过放的能力均较强。

　　更换电池模组时必须按顺序进行，因为该顺序存储在诊断系统内将来用于进行分析。

（2）电池信息采集器

混合动力汽车和纯电动汽车基本都有一个精密模块，专门用于监控电池组传感器测量的数据和电池性能。对于不同的车辆，模块的名称可能会不一样，在本书中，我们称之为BIC（Battery Information Collector，即电池信息采集器）。现在许多电动汽车的电池管理系统（BMS）中也包括BIC。

很多混合动力汽车和纯电动汽车控制系统使用BIC来监测和报告电池组数据，同时使用另一模块来控制调节电池组。通常情况下，数据被报告给汽车主驱动系统的ECU，然后主ECU根据工作条件和驾驶人的需求命令电池进行相应的充电或放电。

如果出现电池单体、电池模组或部分电路的电压变得不平衡，部分带充电系统的电动汽车还可以用BIC来帮助进行电池电压均衡。

（3）传感器

开路电池电压有时被用于估计传统汽车的电池荷电量。例如，汽车电池制造商可能规定12V铅酸蓄电池在开路电压测量为12.7～13.5V时算是100%充电，测量电压为11.0～11.5V时算作完全放电。尽管这种以测量电压来断定电池荷电量的方法并不准确，但偏差不算太大。

然而，这种方法并不适用于镍氢蓄电池和锂离子电池。镍氢蓄电池和锂离子电池的电压与荷电量之间的关系并不像铅酸蓄电池那样呈线性相关，在电池组充电和放电时必须对电池进行均衡，这会让电池荷电量的计算变得更加复杂。

通常情况下电池信息采集器（BIC）至少根据以下参数来计算荷电量：

① 电池单体或模块电压。

② 电池组总电流。

③ 电池单体或电池模组的温度。

1）电压传感器。动力电池组的电压传感器能在电池组的多个测量点进行电压测量，并且比较电池模组不同部分的性能，以确认电池模组有无失去平衡。电压传感器测量单个电池单体的电压，也测量电池模组或动力电池组的电压。这使 BIC 能够对电池进行分段监测，每一段的电压和电量应该大致相同。BIC 与每个检测点（通常是被测的电池单体或电池模组的正负极端子）之间通过电压传感线相连接。

例如，一个 288V 的电池组可能由多个总电压为 7.2V 的电池模组组成，每个模组又分别由六个 1.2V（额定电压）电池单体组成。$7.2V \times 40 = 288V$，所以一个 288V 的电池组含有 40 个电池模组。在电池 ECU 的数据流中，每根电压传感线都显示有自己独立的 PID 用以显示测量数据。如果要对该电池组的每个电池模组进行电压监测，则需要 40 根电压传感线。

然而，如果每根电压传感线测量的是两个串联起来的模组的电压，那么就只需要 20 个电压检测电路就可以对电池组进行电压监测。即，每根电压传感线监测 12 个电池单体的总电压，为 14.4V。有些汽车制造商使用一根电压传感线来监控多个模组，将每个被监控的部分称为"模块"（block）。

普锐斯电池管理器在 14 个位置上监视电池模组电压。各电池模组由 2 个模块组成，如图 2-1-4 所示。当各电池模组电压低于 2.5V 时，汽车的显示屏可能会显示故障码（DTC），保存在电池管理器中。由于失效保护值的代替，低于 2.0V 的值可能不会显示在数据表中。

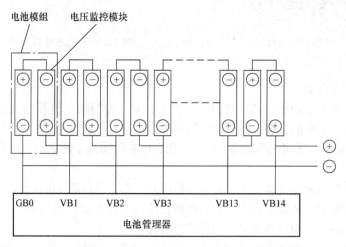

图 2-1-4　丰田普锐斯电压检测电路

2）温度传感器。动力电池组使用多个温度传感器来监测电池温度。通常情况下电池组越大，温度传感器越多。传感器通常被安装在电池单体或模组的外部，或与电池单体、电池模组的正负极端口相连。动力电池组使用的温度传感器至少有 3 个，或者多达十几个甚至更多。一般而言，电池管理器的数据流中，每个电池组温度传感器都有一个 PID，并且用它的输出电压来表现温度。如图 2-1-5 所示，普锐斯动力电池组上面有三个电池温度传感器，都是卡装结构，小巧的传感器紧贴在电池表面，十分牢固不会脱落，但不能单独更换，坏了需更换动力电池总成。

大多数电池控制系统在以下情况下需要使用动力电池组温度：

① 当计算电池组荷电量（SOC）时。

② 当计算充电和放电的最大比率时。

③ 为了检测动力电池组电压是否过低。

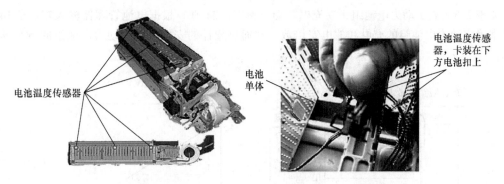

图2-1-5 丰田普锐斯动力电池组温度传感器

④ 为了检测动力电池组是否过热。

⑤ 为了评估动力电池组冷却系统的性能。

许多电池控制系统还对电池组的冷却介质温度进行检测，即可能测量的是风冷系统的空气，或者水冷系统的冷却液。丰田普锐斯内置温度传感器的热敏电阻的电阻会根据动力电池组温度的变化而变化。动力电池温度越低，热敏电阻的电阻越大。反之，温度越高，电阻越小。在20℃常温下实测电阻为 9.5kΩ，温度约40℃时降为 6.5kΩ，但传感器也有老化变质的情况发生。电池管理器使用电池温度传感器检测动力电池温度，并将检测值发送至动力管理控制 ECU。动力管理控制 ECU 根据此检测结果控制鼓风机风扇，动力电池温度上升超过预定水平时，鼓风机风扇起动。

3）电流传感器。电流传感器一般都是安装在靠近电池组的位置，通常是在电池组的密封箱内。如图 2-1-6 所示，普锐斯动力电池电流传感器安装在动力电池组总成的正极电缆侧，用于检测流入动力电池组的电流。有些动力电池组会使用更多的电流传感器以提高精度。

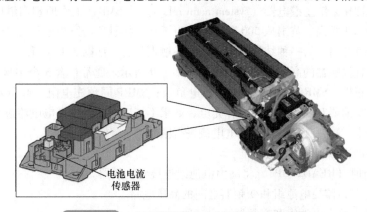

图2-1-6 丰田普锐斯动力电池组电流传感器

混合动力汽车和纯电动汽车通常将动力电池组的电流表示成正值或负值，单位为安培（例如：42A，−87A），以显示电池组处于充电状态还是处于放电状态。根据车型设定不同，解码器读出的数据流含义可能不同：有的车型在电池组放电时显示正值，而在电池组充电时却显示负值；抑或相反，某些车型充电时电流表示为正值，放电时电流则表示为负值。

如图 2-1-7 图所示，普锐斯电池管理器从电流传感器端将信号电压输入端子 IB，该电压与安培数成比例并在 0 和 5V 之间变化。电流传感器的输出电压低于 2.5V 表示动力电池组正在放电，高于 2.5V 表示动力电池组正在充电。动力管理控制 ECU 根据电池管理器输入其端子 IB 的信号来确定动力电池组的充电和放电安培数，并通过累计的安培数计算动力电池组的 SOC 充电状态。

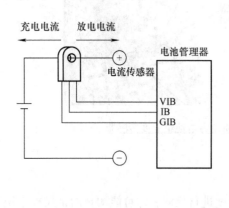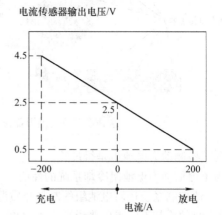

图 2-1-7　丰田普锐斯动力电池组电流监控原理

（4）含接触器的高压接线盒总成

混合动力汽车或纯电动汽车的动力电池组通过高压继电器与车辆的变频器相连，至少有一个高压主继电器。在车辆的正常运行过程中，高压主继电器被接通（电流开始流动）。高压主继电器属于接触型继电器，对电池电流没有任何限制。

汽车制造商使用各种术语来描述高压主继电器。有些制造商可能把它们称为接触器（contractors）。如果需要的话，技术人员应该参考服务信息来确定具体使用什么术语。有几家制造商将高压主继电器称作系统主继电器（system main relays）或 SMR，工作原理与继电器相同。通过接触器接通的功率非常高，范围从 500 瓦直至几百千瓦。接触器始终为单稳态，就是说一种结构为断电时开关触点开启，另一种结构为断电时开关触点闭合，如图 2-1-8 所示。

丰田普锐斯含接触器的高压接线盒总成如图 2-1-9 所示。通常包含 3 个主接触器：SMRB 负责控制高压供电正极，SMRG 负责控制高压供电负极；SMRP 同预充电阻一起负责给高压系统预充电。由于供电初期要对变频器中的电容充电，如果不加以限制导致充电电流过大，会对高压部件产生很大的冲击，需要预充电阻对充电电流进行限制。

高压主接触器通常有以下几个功能：

① 汽车上电时（READY UP），将动力电池组连接到变频器。

② 汽车上电时，监控电池组和变频器之间的高压电路。

③ 允许高压电流在电池组和变频器之间流通。

④ 驱动系统被关闭时，断开动力电池组与变频器的连接。

⑤ 车辆紧急停机时，断开动力电池组与变频器的连接。

在接触器系统中，大多数混合动力汽车和纯电动汽车制造商使用三个高压主接触器，第三个高压主接触器安装在与前两个高压主接触器相对的位置。换句话说，如果一个预充电主接触器和一个高压主接触器被并联安装在电池组与变频器之间电路的正极一侧，则第三个主接触器将被安装在电池组和变频器之间电路的负极一侧，反之亦然，如图 2-1-10 所示。

通过这种设计，电路的两侧都受到接触器保护。这是混合动力汽车和纯电动汽车中最常见

图 2-1-8 接触器结构与原理图

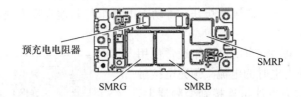

图 2-1-9 丰田普锐斯含接触器的高压接线盒总成

的高压接触器配置方式。虽然高压接触器的负载电路与动力电池组之间接通了高压电流，但它们通常却是由低压（12V）电路来控制的，接触器控制电路通过控制模块 HV ECU 来进行闭合、

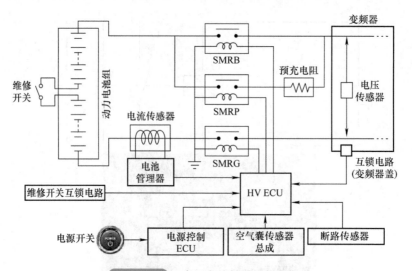

图 2-1-10　高压主接触器控制逻辑

断开操作，在汽车上电过程（Ready Up）中，HV ECU 通过车辆的 12V 低压辅助电池来进行加电操作。高压主接触器几乎都是安装在车辆的电池组密封盖中。在静止（READY 为 OFF）时，高压主接触器断开，高压电未被接通。当车辆上电（READY 为 ON）时，高压主接触器闭合，动力电池组与车辆的变频器相连接。此时，高压电流在电池组和变频器之间已经接通。当车辆断电（READY 为 OFF）时，高压主接触器断开，将动力电池组与其他高压电路隔开，但动力电池组本身在任何时候都带电。

　　混合动力汽车和纯电动汽车的电池组通常使用预充电接触器限制车辆上电时的电流。预充电接触器通过预充电阻，将动力电池组连接到变频器上，作为高压系统的一个自检程序。如果系统的某项自检没有通过，预充电继电器会立即断开，并生成一个故障码（DTC）。动力电池组的电流流经预充电阻，以规定的速率为变频器电容充电，如图 2-1-11 所示。通过对变频器电容进行电压监测，车辆的控制系统能够完成以下检查作业：

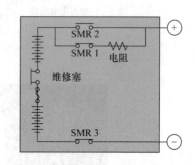

图 2-1-11　预充电接触器（SMR1）和高压负接触器（SMR3）接通

　　① 检查电池组和变频器之间的连接是否稳定。

　　② 检查变频器电容的电压是否充到与动力电池组的电压持平。

　　③ 变频器的电容是否可以在预期的时间内充满电。

　　如果部件和电路都通过了系统自检，同时电容也正确充电，那么与预充电接触器并联安装的高压主接触器将接通，如图 2-1-12 所示。

　　此时，电池电流没有任何限制，开始全电流充电，并且此时预充电接触器被断开，如图 2-1-13 所示。预充电接触器只在自检过程中使用。如果车辆被断电（READY 为 OFF），或者如果有车辆驱动系统紧急停机命令，高压主接触器也将断开，把动力电池组与充电电路隔开。有些预充电接触器是固态继电器（solid – state relays），也称为半导体继电器。

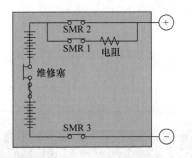

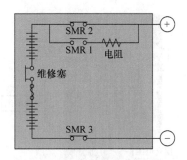

图 2-1-12　高压主接触器（SMR2）接通　　图 2-1-13　预充电接触器（SMR1）断开

　　大多数带充电系统的新能源汽车的充电接触器与高压主接触器相连接，从而将车辆连接到外部充电设备上（具体控制原理，请参见《新能源汽车电气技术》课程相关章节）。少数混合动力汽车和纯电动汽车的高压主接触器被单独连接到电池组的正极电路或负极电路。然而绝大部分混合动力汽车和纯电动汽车的高压主接触器是用来同时控制动力电池组的正、负极电路的。所有这些部件对技术人员都有潜在危险，这些部件同时还是更大的系统的组成部分。对这些系统的充分理解是进行维护、诊断，以及对高压接触器和/或插电式充电系统进行维修作业的一个先决条件。

四、任务实施

（一）任务准备

安全防护：做好车辆安全防护与隔离（车内外三件套、车轮挡块、警示隔离带等）。

工具设备：数字万用表、兆欧表、绝缘防护用品、绝缘工具套装、常规工具套装。

台架车辆：普锐斯整车、BMS 智能实训台架（行云新能 INW – EV – B1、INW – EV – B1R）。

辅助资料：维修手册、教材。

（二）实施步骤

1. BMS 智能实训台架接触器的检测

BMS 智能实训台架（行云新能 INW – EV – B1、INW – EV – B1R）共配有预充接触器、充电接触器、预充电阻等，它们在台架上的位置如图 2-1-14 所示。

（1）目视检查

检查接触器及电阻表面有无破损；检查各紧固件有无松动，线束插头有无氧化锈蚀。

（2）线路检查

1）BMS 智能实训台架软件操作。将串口线连接到主机后打开软件。如图 2-1-15 所示，选择对应的端口后点击打开按钮，待所有状态都变成绿色（已连接）后单击"系统启动"按钮进入系统，观察 M1504 设备指示灯是否闪烁，如果是，说明端口连接正确，否则，退出系统重新选择相反的端口再次启动。

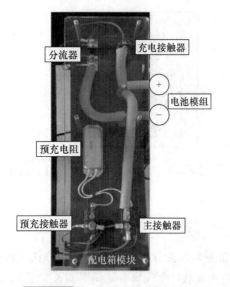

图 2-1-14　高压配电模块实物图解

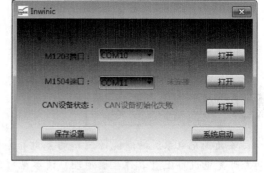

图 2-1-15　启动系统

进入系统后，鼠标单击"线路测试"按钮进入线路测试登录页面，如图 2-1-16 所示。

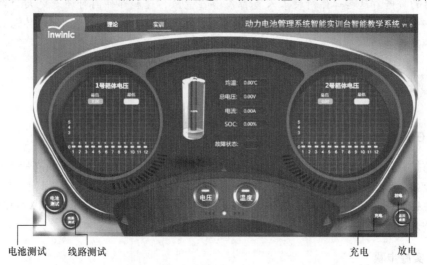

图 2-1-16　选择"线路测试"进入

系统分为教师和学生两个端口，学生练习时选择学生端口单击登录，教师设置故障选择教师端口登录进入界面，如图 2-1-17 所示。

教师端设置一套考题可以让十个学生重复进行答题，登录教师账号后界面如图 2-1-18 所示。教师端具有考试设置、考题查看、读取故障码、背景资料、故障一键恢复、读取数据流等功能。

选择"考试设置"开始设置考题，设置考题界面如图 2-1-19 所示。教师可以通过复选框进行考题选择，也可以单击下方"全部选择"按钮或"全部清除"按钮进行批量操作，选择完毕后单击"考题故障发布"发布考题后，单击"退出登录"返回登录界面。

单击"重置故障"按钮可以清除原先设置的故障，并且试题会重新打乱顺序等待选择，如

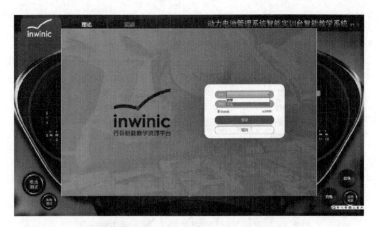

图 2-1-17　学生和教师登录界面

图 2-1-18　教师端功能

图 2-1-19　考题设置功能

图 2-1-20所示。

图 2-1-20　重置故障功能

学生可以进入学生界面开始答题。学生端具有答题、背景资料、读取数据流等功能。学生开始答题界面如图 2-1-21 所示。

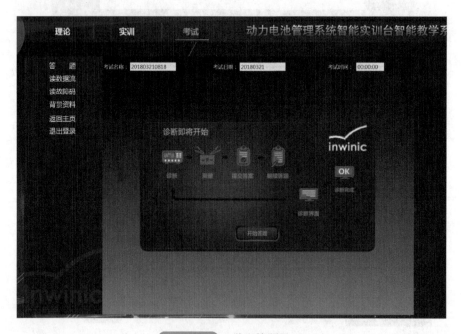

图 2-1-21　学生答题界面

学生可以通过单击左侧界面"读故障码"和"读数据流"，或者到台架实际测量得出结论，如图 2-1-22 所示。

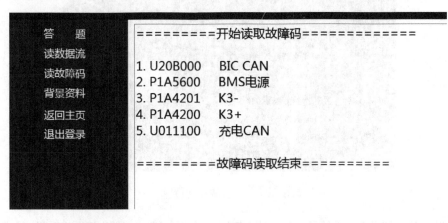

a) 读取故障码

b) 读取数据流

图 2-1-22　读取故障码和数据流界面

回到答题界面选择对应的选项后单击下一题，程序会设置新的题目和故障。答题选项界面如图 2-1-23 所示。

教师可以通过"答题查看"按钮查看考试情况，然后单击对应学生的"查看详情"按

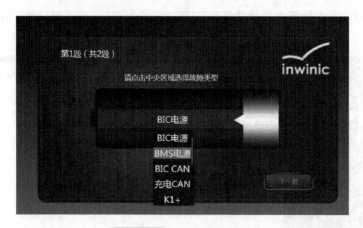

图 2-1-23　答题选项界面

钮查看结果（注：如果教师重置了考题，学生答题记录将被清除）。学生答题查看界面如图 2-1-24 所示。

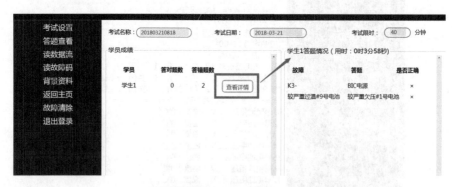

图 2-1-24　学生答题查看界面

2）BMS 智能实训台架测量。阻值检查：用数字万用表电阻档位分别检查继电器线圈及预充电阻的阻值，确保在正常范围内（继电器线圈为 80Ω 左右，预充电阻为 25Ω），如图 2-1-25 所示。

图 2-1-25　阻值检查

绝缘性能检查：用绝缘测试仪检查 PE 对台架壳体间的绝缘电阻值，确保其电阻值 > 55MΩ，如图 2-1-25 所示。

2. 普锐斯动力电池组接触器的检测与更换

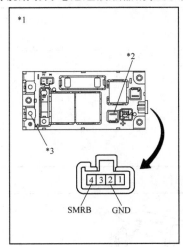

(1) 检查SMRB

1) 根据下表中的值测量电阻。

标准电阻

检测仪连接	条件	规定状态
(+)插接器–(+)端子	未在端子4(SMRB)和2(GND)之间施加辅助蓄电池电压	10kΩ或更大
(+)插接器–(+)端子	在端子4(SMRB)和2(GND)之间施加辅助蓄电池电压	小于1Ω

插图文字

*1	混合动力蓄电池接线盒
*2	(+)插接器
*3	(+)端子

2) 根据下表中的值测量电阻。

标准电阻

检测仪连接	条件	规定状态
4(SMRB)–2(GND)	–40～80℃	19.0～35.5Ω

如果结果不符合规定，则更换混合动力蓄电池接线盒总成。

(2) 检查SMRG

1) 根据下表中的值测量电阻。

标准电阻

检测仪连接	条件	规定状态
(–)插接器–(–)端子	未在端子1(SMRG)和2(GND)之间施加辅助蓄电池电压	10kΩ或更大
(–)插接器–(–)端子	在端子1(SMRG)和2(GND)之间施加辅助蓄电池电压	小于1Ω

插图文字

*1	混合动力蓄电池接线盒
*2	(–)插接器
*3	(–)端子

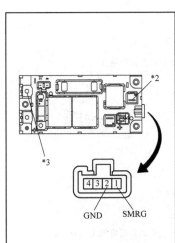

2) 根据下表中的值测量电阻。

标准电阻

检测仪连接	条件	规定状态
1(SMRG)–2(GND)	–40～80℃	19.0～35.5Ω

如果结果不符合规定，则更换混合动力蓄电池接线盒总成。

(3) 检查SMRP和系统主电阻器

1) 根据下表中的值测量电阻。

标准电阻

检测仪连接	条件	规定状态
(–)插接器–(–)端子	未在端子3(SMRP)和2(GND)之间施加辅助蓄电池电压	10kΩ或更大
(–)插接器–(–)端子	在端子3(SMRP)和2(GND)之间施加辅助蓄电池电压	28.5～31.5Ω

插图文字

*1	混合动力蓄电池接线盒
*2	(–)插接器
*3	(–)端子

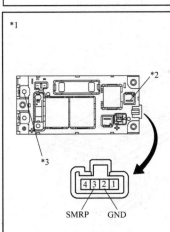

2) 根据下表中的值测量电阻。

标准电阻

检测仪连接	条件	规定状态
3(SMRP))–2(GND)	–40～176°F(–40～80℃)	112～274Ω

如果结果不符合规定，则更换混合动力蓄电池接线盒总成。

五、学习检查

任务	1. 对现场提供的 BMS 智能实训台架进行线路检测。 2. 对现场提供的丰田普锐斯进行接触器的检测和更换。
笔记	

HV 继电器总成零部件

后地板隔垫 —

1号混合动力蓄电池排气管

蓄电池盖锁扣

7.5
×4

混合动力蓄电池上盖分总成

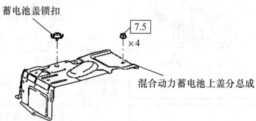

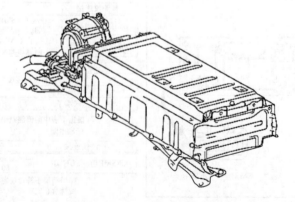

N·m ：规定力矩

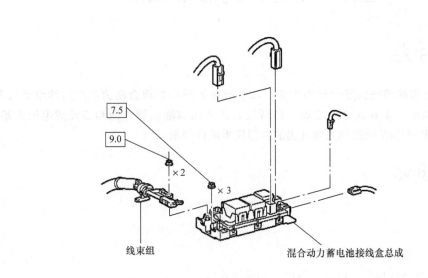

线束组

7.5

9.0

×2

×3

混合动力蓄电池接线盒总成

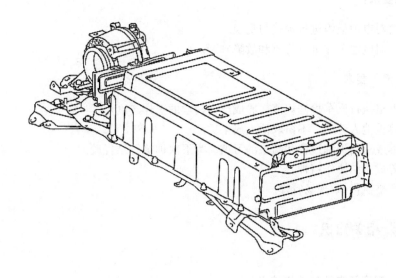

N·m ：规定力矩

任务2　锂离子电池的技术分析

一、任务引入

目前，越来越多的传统式混合动力汽车、几乎所有的插电式混合动力汽车与纯电动汽车采用的都是锂离子电池。本节以比亚迪 e5、特斯拉为例介绍磷酸铁锂电池和三元锂电池的结构、原理，并对比亚迪 e5 和特斯拉动力电池组的内部技术进行解析。

二、任务要求

知识要求：

1）了解锂离子电池的结构原理。
2）掌握常见线路（电压、电流、温度）的控制逻辑。

技能要求：

1）会对电池模组进行检查与更换。
2）会对电池单体进行检测和故障判断。

职业素养要求：

1）严格执行汽车检修规范，养成严谨科学的工作态度。
2）尊重他人劳动，不窃取他人成果。
3）养成总结训练过程和结果的习惯，为下次训练总结经验。
4）养成团结协作精神。
5）严格执行 5S 现场管理。

三、相关知识

（一）锂离子电池的结构特点

锂是锂离子电池的核心，它是最轻的金属元素，金属锂的密度只有水的一半，铝是较轻的金属，但锂的密度只有铝的五分之一。锂的电负性是所有金属中最强的，锂离子的还原电位高达 $-3V$。根据计算，1g 锂转化为锂离子时所能得到的电荷数为 $3860mA \cdot h$，加之它大于 3V 的工作电压，锂作为电池的负极材料非常合适。

锂电池早期负极为金属锂，但金属锂的化学活性太强，充电时产生的枝晶会使电池短路，目前尚未真正解决其安全问题。经过长期的探索、研究，发现锂可与许多金属形成合金，其活性要弱许多，更奇妙的是锂可以在许多层状结构的物质中可逆地嵌入和脱出。锂以这些材料为载体就安全多了。

锂离子电池由电极材料、电解质和隔膜等部分组成，其性能在很大程度上取决于电池组成材料的性能和制备工艺，尤其是正极和负极材料。因此研究高能锂离子电池的关键技术是采用在充放电过程中能可逆地嵌脱锂离子的正、负极材料。

1. 正极材料

正极材料是锂离子电池发展的关键技术之一，应满足以下条件：①在所要求的充放电范围内，与电解质溶液有电化学相溶性；②温和电极过程动力学；③高度可逆性；④全锂化状态下在空气中稳定性好。目前，常用的正极材料为层状 $LiMO_2$ 和尖晶石型 LiM_2O_4（$M = Co$、Ni、Mn、V 等过渡金属离子），其结构如图 2-2-1 所示。

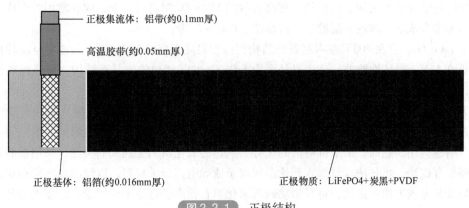

正极集流体：铝带(约0.1mm厚)

高温胶带(约0.05mm厚)

正极基体：铝箔(约0.016mm厚)　　　　　　　　　正极物质：LiFePO4+炭黑+PVDF

图 2-2-1　正极结构

（1）$LiMO_2$ 型化合物

$LiCoO_2$ 属 $\alpha - NaFeO_2$ 型结构，具有二维层状结构，适宜锂离子脱嵌。由于其制备工艺简便，性能稳定，比容量高，循环性好，目前商品化锂离子电池大都采用 $LiCoO_2$ 作为正极材料。但是 $LiCoO_2$ 价格较高，且过充电时易导致不可逆容量损失和极化电压增大，因此人们不断寻找和研究高比能、低成本、稳定性好的新型正极材料。

$LiNiO_2$ 比 $LiCoO_2$ 廉价，其结构与 $LiCoO_2$ 相近，具有较好的高温稳定性、低自放电率，与多种电解液有良好的相溶性，是继 $LiCoO_2$ 后研究较多的层状化合物。但 $LiNiO_2$ 制备困难，要在氧气气氛下合成，工艺条件控制要求高，这些都影响了它在锂离子电池中的应用。如果通过掺入 Mn 或 Co 等其他元素，可得到较好的可逆性及较高的放电电位段。故 $LiNiO_2$ 的制备研究仍吸引着众多的研究者。

钒的价格较钴低，亦能形成层状化合物，但与 $LiCoO_2$ 有所不同，即当 $Li +$ 脱嵌时，层状的 $LiVO_2$ 变得不稳定，在 $Li_{1-x}VO_2$ 中，当 $x < 0.3$ 时，约有 1/3 的钒离子从钒层迁入缺锂层形成电化学活性很小的有缺陷的岩盐结构，从而破坏了锂离子扩散用的二维平面，且锂离子不能再生成原有的层状结构。

由于锰来源广泛，价格不到钴的 10%，且低毒，易回收，各种嵌锂的氧化锰材料备受重视。层状的 $LiMnO_2$ 一般用层状的岩盐结构化合物 Li_2MnO_3（Li_2OMnO_2）酸处理制备。与 $LiCoO_2$ 不同，这种 $LiMnO_2$ 属正交晶系，在 $2.5 \sim 4.3V$ 之间充电，可逆容量为 $200mA \cdot h/g$ 左右，经过第一次充电，正交晶系的 $LiMnO_2$ 转变为尖晶石型的 $Li_xMn_2O_4$。这种 $LiMnO_2$ 在空气中稳定，而尖晶石型的 $Li_xMn_2O_4$ 在空气中不稳定。

（2）尖晶石型 LiM$_2$O$_4$

尖晶石型的 LiM$_2$O$_4$（M＝Mn、Co、V 等）中 LiM$_2$O$_4$ 骨架是一个有利于 Li＋扩散的四面体与八面体共面的三维网络，氧原子为立方紧密堆积，75% 的 M 原子交替地位于立方紧密堆积的氧层之间，余下的 25% M 原子位于相邻层，因此，在脱锂状态下，有足够的 M 阳离子存在于每一层中，以保持氧原子理想的立方紧密堆积状态。

LiMn$_2$O$_4$ 是尖晶石型嵌锂化合物的典型代表，有众多的研究者对其进行过广泛而深入的研究。LiMn$_2$O$_4$ 具有三维隧道结构，更适宜锂离子的脱嵌，同时也是正极材料中成本最低的，其耐过充性及安全性也更好，对电池的安全保护装置要求相对较低。但是，因为在加热过程中易失去氧而产生电化学性能差的缺氧化合物，使高容量的 LiMn$_2$O$_4$ 制备较复杂，现在常用的合成方法有多步加热固态合成法、溶液－凝胶法、沉淀法、Pchini 法等。

对于 LiCo$_2$O$_4$，它在 400℃ 左右制备的结构类似于尖晶石型的 LiMn$_2$O$_4$，其放电电压约比层状 LiCoO$_2$ 低 0.15V，循环性能差，这主要是因为 LiCo$_2$O$_4$ 并非理想的尖晶石结构，但经过适当的酸处理后，可以改善 LiCo$_2$O$_4$ 的循环性能。

与 LiVO$_2$ 类似，尖晶石型的 LiV$_2$O$_4$ 作为正极，在锂的脱嵌过程中，结构从尖晶石变成有缺陷的岩盐型，约有 1/9 的钒离子从富钒层进入相邻层而破坏了供锂离子扩散用的三维空间而限制了该化合物的应用。然而，由于价格上的优势，嵌锂的氧化钒仍受到人们关注，采用新的制备方法，如模板合成法、水热法以及掺入其他金属离子或导电高分子材料，以设法稳定脱锂状态下的晶体结构及其充放电的可逆性，将是推动嵌锂氧化钒在锂离子电池中应用最有希望的途径。

就目前而言，锂离子电池正极材料仍以钴酸锂为主。除了其结构稳定性佳、能量密度高的特性外，最早应用于可携式电子装置等小型电池领域也是一大原因。此外，随着锂离子电池爆炸事件的陆续发生，正极材料的研究重点转向安全性开发。其中锰酸锂电容量虽然较低，但其安全性较高，也让其在大型锂离子电池或动力电池市场渗透率逐年提升。由于磷酸铁锂相较于锂锰系具有更高的热稳定性，在成本考量上也比锂钴氧化物更具优势，使得磷酸铁锂和锂锰系在未来锂离子电池市场的应用备受期待。

2. 负极材料

锂离子电池负极材料作为提高锂离子电池能量及循环寿命的重要因素，在世界范围内得到了广泛的研究。作为锂离子电池负极材料，应满足以下要求：①在锂离子的嵌入反应中自由能变化小、电位低；②锂离子在负极的固态结构中有高的扩散率；③高度可逆的嵌入脱出反应；④有良好的电导率；⑤热力学上稳定，同时与电解质不发生反应。常见的负极材料按成分划分可分为碳材料和金属氧化物材料，其结构如图 2-2-2 所示。

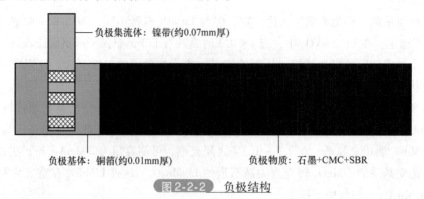

负极集流体：镍带（约0.07mm厚）

负极基体：铜箔（约0.01mm厚）　　　　负极物质：石墨＋CMC＋SBR

图 2-2-2　负极结构

（1）碳材料

石墨是目前锂离子电池最常用的负极材料。嵌锂石墨属离子型层间化合物，理论容量为 $372mA \cdot h/g$，锂的嵌入与脱嵌反应发生在 $0 \sim 0.25V$ 之间，具有很好的电压平台。当前，用嵌锂石墨作为负极时，研究的焦点问题有不可逆容量损失的机理和抑制办法，以及石墨结构与电化学性能的关系。

所谓不可逆容量损失是指碳电极的锂离子不能从碳电极中脱嵌，这主要发生在第一次充放电循环，除了溶剂分解的因素外，石墨电极本体内部的活性位点与锂离子反应也是产生不可逆容量损失的原因。电解液中加入添加剂，如加入 12 - 冠 4 - 醚，可以抑制溶剂分解；而适度地氧化石墨，使石墨某些特殊位点产生纳米微孔，可获得良好的循环性能。此外在石墨负极中混入银粉也可以改善循环性能。

通过采用上述方法，目前报道的石墨类碳材料的插锂容量已达到 $300mA \cdot h/g$ 以上，并且其循环性能也较优异。

然而，由于石墨只形成 LiC_6，其理论容量只有 $372mA \cdot h/g$，为提高锂离子电池的能量和功率密度，纳米碳负极材料，比如碳纳米管（CNTs）、石墨烯、介孔碳等已经被开发用作存储 Li。

碳纳米管（CNTs）是最典型的碳纳米结构，其电学性能优异，机械强度高，化学稳定好，比表面积大，活化比表面大。在 CNTs 发现后不久人们就研究其在锂离子电池方面的应用。对 Li 蒸气与 CNTs 反应的研究并测试其对应的电化学性能表明，CNTs 可以在非石墨层与管内表面之间提供利于 Li 插入的夹层。小直径的 CNTs 可以在六边形的平面键产生应变，这种应变引起电子离域，并使得结构比周期性的石墨片更具有负电性，反过来增加 Li 的嵌入程度。作为锂离子电池负极材料的 CNTs 可逆容量可以达到 $460mA \cdot h/g$，通过各种后续处理如球磨酸氧化等可以达到 $1116mA \cdot h/g$。相对于石墨材料，CNTs 的容量有很大的提高，但是 CNTs 中引入大量的结构缺陷和高电压滞后，其库伦效率低于石墨。

石墨烯是以一个原子厚度为基本结构的二维单层碳。由于其具有优异的物理、化学、力学性能，比如超高的比表面、均一的多孔结构、宽的电化学窗口，吸引人们展开对其用作锂离子电池负极材料的研究。锂离子不仅能储存在石墨烯的两侧，还能储存在边缘处、缺陷、位错和石墨烯片的共价点处，这些使其具有较高的储锂容量。通过剥落石墨方法得到的石墨烯材料具有高的比表面，通过预处理可得到官能团修饰的表面。单位结构的石墨烯聚集和石墨的无规则排列提供了更多的空隙。化学法合成石墨烯纳米片用作锂离子电池负极材料，其放电充电容量分别为 $945mA \cdot h/g$ 和 $650mA \cdot h/g$。石墨烯基的负极材料有较高的充电/放电容量、较低的库伦效率和大的不可逆容量，这种不可逆容量归于 Li^+ 与含氧官能团的反应和在氧化石墨处固体电解质的形成。另外一个原因是石墨烯高的表面积/体积使得嵌入其中的电解液增加而导致高的不可逆容量。

石墨烯与活性金属（Sn、Si）或金属氧化物（Co_3V_4、Fe_3O_4、Mn_3O_4、CuO、SnO_2）纳米粒子的复合可以减少不可逆容量，提高循环寿命。利用两步液相反应法将 Mn_3O_4 纳米颗粒负载到还原石墨烯片（RGO）上，测试其用于锂离子电池负极材料的性能，发现其可逆容量高达 $900mA \cdot h/g$，即使在 $1600mA/g$ 的电流密度下其容量仍有 $390mA \cdot h/g$，表现了较高的可逆容量和较好的循环性能。因此，石墨烯和金属或金属氧化物纳米颗粒之间的协同效应可增加锂存储容量，改善循环性能和倍率容量。

介孔材料相对于传统的石墨碳材料具有明显高的容量。Li^+ 在 $0.1 \sim 0.5V$ 的电压范围内脱出，其首次容量为 $3100mA \cdot h/g$ 对应着 $Li8.4C_6$ 化合物的生成。在 $100mA/g$ 的电流密度下，可逆容量为 $850 \sim 1100mA \cdot h/g$ 对应于 Li_xC_6（$x = 2.3 \sim 3.0$）的化学式。然而，介孔碳通常在充电

放电曲线中表现出一个较高的不可逆容量和磁滞现象，这是这类材料的特性，太大的比表面导致太多的活化点从而使得电极/电解液界面发生不可控反应。这些特性将阻碍其在锂离子电池的应用。

（2）金属氧化物材料

碳作为锂离子电池的负极，由于在有机电解质溶液中碳表面形成能让电子和锂离子自由通过的钝化层，这种钝化层保证了碳电极良好的循环性能。然而，也会引起严重的第一次充放电不可逆容量的损失。有时甚至能引起碳电极内部的结构变化和电接触不良，另外，高温下也可能因保护层的分解而导致电池失效或产生安全问题。因此，几乎与研究碳负极的同时，寻找电位与 Li + /Li 相近的其他负极材料的工作一直受到重视。

各种金属氧化物早已被广泛研究作为潜在的负极材料，这些材料具有不同的物理和化学性质，并能提供在 $500 \sim 10000 mA \cdot h/g$ 之间的高可逆容量。根据反应机制，可以将金属氧化物基负极分为三组：①锂－合金反应机理（SnO_2）；②嵌入/脱出反应机理，其中包括锂在过渡金属氧化物晶格中的插入和拔出（TiO_2）；③转换反应机理，包括氧化锂的生成和分解，同时伴随着金属纳米粒的还原和氧化（MO_x，M = Fe、Co、Ni、Mn、Cu、Mo、Cr 等）。三种反应机制显示如下：

锂－合金反应机理：

$$M_xO_y + 2yLi^+ + 2ye^- \rightarrow xM + yLi_2O$$
$$M + 2Li^+ + 2e^- \rightarrow Li_2M$$

插入反应机理：

$$MO_x + yLi^+ + ye^- \rightarrow Li_yMO_x$$

转换反应机理：

$$M_xO_y + 2yLi^+ + 2ye^- \rightarrow xM + yLi_2O$$

锂－合金反应以 SnO_2 为例，二氧化锡（SnO_2）在金属氧化物材料中是非常有希望的，第一次的放电中 Li 与 SnO_2 反应生成 Li_2O 和 Sn，随后继续与 Li 反应生成合金 Li4.4Sn，对应的理论容量为 $783 mA \cdot h/g$。然而，在连续几次循环之后，从 Li－Sn 合金中脱出来的 Sn 表现出相互之间聚集的趋势并形成团簇。这种不可逆容量恶化的原因与 Sn 的体积变化和支撑插入到 Li 中还原态 Sn 颗粒的 Li_2O 基体遭到破坏有关。研究重点放在提高 SnO_2 循环性能和减少不可逆容量上。近几年，二氧化锡/碳纳米复合材料，如 SnO_2 碳纳米胶质、SnO_2 碳纳米粒子，这些材料具有较高可逆的储锂能力和改良的循环性能。这源于导电碳基质的良好稳定性与 SnO_2 纳米粒子高的锂储存能力的协同效应。在 SnO_2 碳纳米复合材料中，碳作为防止 SnO_2 粒子团聚的屏障，能在 SnO_2 粒子经历体积变化时提供一个缓冲空间而不出现结构坍塌。

几种过渡金属氧化物可以通过插入反应机理储存锂。对于可充电锂离子电池而言，由于其低成本和无毒性，这些材料是比较吸引注意力的。然而，插入反应中涉及的电子数量一般小于锂，因为锂只能插入在金属氧化物晶体的空位中。因此，插入反应基体的金属氧化物负极的比容量相对较低。二氧化钛有多种晶型，如锐钛矿、金红石和 $TiO_2 - B$。锐钛矿通常被认为是最具导电活性的锂插入体，因为对于锐钛矿氧化铁，不仅锂插入的电压低，而且锂嵌入、脱出的动力学快。二氧化钛纳米管结构为锂离子和电子的传输提供了有效的途径，这是高效率可充电锂离子电池所必需的。二氧化钨是另一个伴随锂插入储存机制的过渡金属氧化物，其工作电压较低；然而，这种材料通常存在严重的不可逆分解和较差的循环性能。

转换反应机制引起研究者极大的兴趣，因为许多重要的过渡金属氧化物（MO_x，M = Fe、Co、Ni、Mn、Cu、Mo、Cr 等）在电极反应中遵循这一机制。根据转换反应的公式 $M_xO_y +$

$2y\mathrm{Li}^+ + 2ye^- \rightarrow x\mathrm{M} + y\mathrm{Li}_2\mathrm{O}$，这些氧化物在第一次锂转化过程中，被转换成金属状态同时伴随着 $\mathrm{Li}_2\mathrm{O}$ 生成，脱锂时可以可逆性地返回到初始状态。这些金属氧化物作为锂离子电池负极材料表现出较高的可逆容量和能量密度，主要是因为在转换反应中氧化态得到了充分利用且不止一个电子参与反应。然而，第一次循环时它们的库伦效率较低，主要与形成的 SEI 膜不稳定、磁滞现象大和储存容量较低有关。要解决这些问题，可以制备过渡金属氧化物的多孔纳米材料和过渡金属氧化物/碳纳米复合材料。

对于负极材料，由于高比容量锂离子电池的巨大市场需求，要求碳质材料不仅具有超高的储锂能力，而且能在 0V（vs. Li^+/Li）左右快速可逆地嵌入/脱嵌锂离子。此外，在提高碳质材料重量容量的同时，更应重视其体积容量的提高。因此，在以后的碳质负极材料的研究中，继续寻找新的碳质材料、新的预处理及复合方法，将是碳质负极材料的研究重点。纳米材料技术在锂离子电池中的应用，将为新型电极材料的研究和开发提供广阔的空间。

3. 隔膜

隔膜放置于两极之间，作为隔离电极的装置，以避免两极上的活性物质直接接触而造成电池内部的短路。但隔膜仍需能让带电离子通过，以形成通路。

要求：离子透过度大；机械性强度适当；本身为绝缘体；不与电解液及电极发生反应。

材料：单层 PE（聚乙烯）或者三层复合 PP（聚丙烯）＋ PE ＋ PP。

厚度：单层一般为 0.016 ～ 0.020mm，三层一般为 0.020 ～ 0.025mm。

4. 电解液

锂离子电池电解液是电池中离子传输的载体，一般由锂盐和有机溶剂组成。电解液在锂电池正、负极之间起到传导离子的作用，是锂离子电池获得高电压、高比能等优点的保证。电解液一般由高纯度的有机溶剂、电解液锂盐、必要的添加剂等原料，在一定条件下、按一定比例配制而成的。

锂离子电池主要使用的电解液有高氯酸锂、六氟磷酸锂等。但用高氯酸锂制成的电池低温效果不好，有爆炸的危险，日本和美国已禁止使用。而用含氟锂盐制成的电池性能好，无爆炸危险，适用性强，特别是用六氟磷酸锂制成的电池，除上述优点外，将来废弃电池的处理工作相对简单，对生态环境友好，因此该类电解液的市场前景十分广泛。

（二）锂离子电池的种类

锂离子电池分为圆形、方形，叠片、卷绕等类型，包括聚合物（软包装）、液态锂离子（钢壳）两种常见形态。

1. 圆形锂离子电池

圆形锂离子电池是指圆柱形锂离子电池，最早的圆柱形锂离子电池是由日本索尼公司于 1992 年发明的 18650 锂离子电池，如图 2-2-3 所示。因为 18650 圆柱形锂离子电池的历史相当悠久，所以市场的普及率非常高。圆柱形锂离子电池采用相当成熟的卷绕工艺，自动化程度高，产品品质稳定，成本相对较低。圆柱形锂离子电池有诸多型号，比如常见的有 14650、17490、18650、21700、26650 等。圆柱形锂离子电池在日本、韩国锂离子电池企业中较为流行，中国国内也有相当规模的企业生产圆柱形锂离子电池。

随着电动汽车市场的进一步扩大和对续驶里程要求的不断提升，整车企业对动力电池在能量密度、制造成本、循环寿命和产品附加属性等方面都提出了更高的要求。在原材料领域尚未获得巨大突破的前提下，适当增大圆柱形锂离子电池的体积以获得更多的电池容量便成为一种可探索的方向。目前，特斯拉已经启动了 21700 电池的规模化生产，并用于特斯拉汽车 Model 3 上，

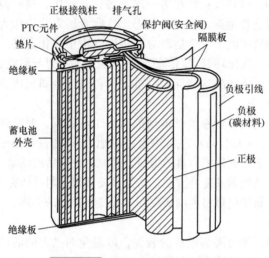

图 2-2-3 圆形锂离子电池结构

如果在特斯拉其他车型上测试通过，将全部替换掉之前使用的 18650 电池，特斯拉的做法或将在世界范围内引领一股"21700 风潮"。

2. 软包锂离子电池

软包锂离子电池所用的关键材料，如正极材料、负极材料及隔膜与传统的钢壳、铝壳锂离子电池之间的区别不大，最大的不同之处在于软包装材料（铝塑复合膜），这是软包锂电池中最关键、技术难度最高的材料。软包装材料通常分为三层，即外阻层（一般为尼龙 BOPA 或 PET 构成的外层保护层）、阻透层（中间层铝箔）和内层（多功能高阻隔层），如图 2-2-4 所示。

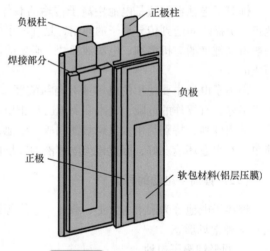

图 2-2-4 软包锂离子电池结构

软包电池的包装材料和结构使其拥有一系列优势，比如，安全性能好，软包电池在结构上采用铝塑膜包装，发生安全问题时，软包电池一般会鼓气裂开，而不像钢壳或铝壳那样发生爆炸；质量轻，软包电池重量较同等容量的钢壳锂离子电池轻 40%，较铝壳锂离子电池轻 20%；内阻小，软包电池的内阻较锂离子电池小，可以极大地降低电池的自耗电；循环性能好，软包电池的循环寿命更长，100 次循环衰减比铝壳少 4%～7%；设计灵活，外形可变任意形状，可以更薄，可根据客户的需求定制，开发新的电池型号。软包电池的不足之处是一致性较差，成本较高，容易发生漏液。成本高可通过规模化生产解决，漏液则可以通过提升铝塑膜质量来解决。

3. 方形锂离子电池

方形锂离子电池通常是指铝壳或钢壳方形电池，如图 2-2-5 所示。方形电池的普及率在国内很高，随着近年汽车动力电池的兴起，汽车续驶里程与电池容量之间的矛盾日渐突显，国内动力电池厂商多采用电池能量密度较高的铝壳方形电池，因为方形电池的结构较为简单，不像圆柱电池采用强度较高的不锈钢作为壳体及具有防爆安全阀的等附件，所以整体附件重量要轻，相对能量密度较高。方形电池有卷绕和叠片两种不同的工艺。

因为方形锂离子电池可以根据产品的尺寸进行定制化生产，所以市场上有成千上万种型号，而正因为型号太多，工艺很难统一。方形电池在普通的电子产品上使用没有问题，但对于需要多只串、并联的工业设备产品，最好使用标准化生产的圆柱形锂离子电池，这样生产工艺有保证，以后也更容易找到可替换的电池。

总之，无论圆柱、方形还是软包电池，目前之所以都能快速发展，是因为它们在各

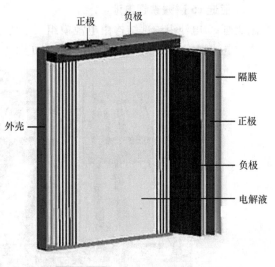

图2-2-5　方形锂离子电池结构

自擅长的应用领域，都得到了很好的应用。国内动力电池厂家都预言方形会成为动力电池的主流，但是以特斯拉为代表的圆柱形动力电池应用厂家，在技术上不断创新，整车电池能量密度不断提升，电池性能表现更卓越。

（三）锂离子电池的工作原理

虽然锂离子电池种类繁多，但其工作原理大致相同。充电时，锂离子从正极材料中脱嵌，经过隔膜和电解液，嵌入到负极材料中，放电以相反过程进行。以典型的液态锂离子为例，当以石墨为负极材料，以 $LiCoO_2$ 为正极材料时，其充放电原理为：

正极反应：$LiCoO_2 \rightleftharpoons Li_{1-x}CoO_2 + xLi^+ + xe^-$

负极反应：$6C + xLi^+ + xe^- \rightleftharpoons Li_xC_6$

电池总反应：$LiCoO_2 + 6C \rightleftharpoons Li_{1-x}CoO_2 + Li_xC_6$

放电时发生上述反应的逆反应。

充电时，Li^+ 从 $LiCoO_2$ 中发生脱嵌，释放一个电子，C^{3+} 被氧化为 C^{4+}，与此同时，Li^+ 经过隔膜和电解液迁移到负极石墨表面，进而插入到石墨结构中，石墨结构同时得到一个电子，形成锂–碳层间化合物 Li_xC_6，放电时过程则相反，Li^+ 从石墨结构脱插，嵌入到正极 $LiCoO_2$ 中。

（四）典型锂离子动力电池组技术分析

目前，越来越多的传统式混合动力汽车、几乎所有的插电式混合动力汽车与纯电动汽车采用的都是锂离子电池。锂离子电池是 20 世纪 90 年代发展起来的高容量可充电电池，比镍氢蓄电池发展更晚。其比能量大于镍氢蓄电池，能存储更多的电能量，而且具有循环寿命长、自放电率小、电池无记忆效应和不污染环境等多项优点。其主要研究集中在大容量、长寿命和安全性三个方面，成为当前能量存储技术的热点。虽然其从 1970 年诞生至今时间并不算长，但凭借能量密度高、循环使用寿命长等特点迅速占据了新能源汽车电池市场的绝大部分江山。如今，在售新能源汽车配备的锂离子电池主要有磷酸铁锂电池及三元锂电池两种，且这两种电池在自身特点上存在显著差异，因此有必要对其进行细致的技术对比。

1. 比亚迪 e5 磷酸铁锂电池

比亚迪 e5 电池组内部结构由电池模组、动力连接片、连接电缆、电池信息采集器（BIC）、采样线、电池组固定压条、密封条等组成，如图2-2-6所示。

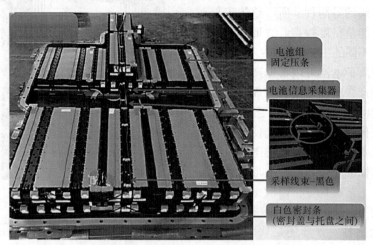

电池组固定压条

电池信息采集器

采样线束-黑色

白色密封条
（密封盖与托盘之间）

图 2-2-6　比亚迪 e5 电池组内部结构

（1）电池模组

磷酸铁锂电池电池单体标称电压是3.2V，充电终止时的最高电压为3.6V，放电截止电压为2.0V。如图2-2-7所示，比亚迪 e5 动力电池由13个模组串联组成，总电压为633.6V，容量为75A·h；电池组高压接口在1#电池负极、13#电池正极。13号模组在1号的上层，12号模组在11号的上层，6、7、8号模组分别在5、4、9号的上层。

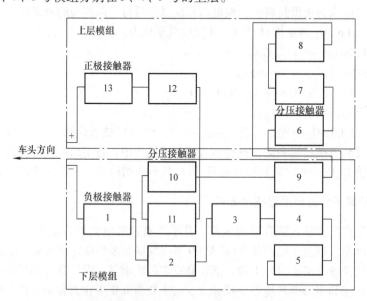

图 2-2-7　比亚迪 e5 动力电池结构

比亚迪 e5 动力电池有两类电池模组：单列和双列模组，如图2-2-8和图2-2-9所示。

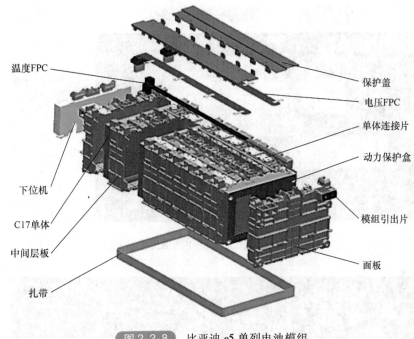

温度FPC

保护盖
电压FPC
单体连接片
动力保护盒

下位机

C17单体

中间层板

模组引出片

扎带

面板

图 2-2-8　比亚迪 e5 单列电池模组

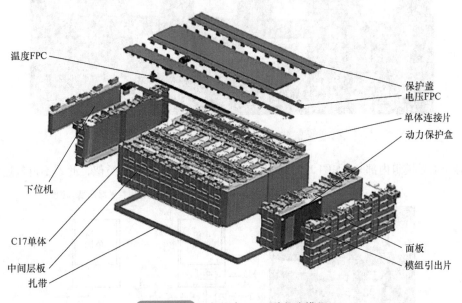

温度FPC

保护盖
电压FPC
单体连接片
动力保护盒

下位机

C17单体

中间层板

扎带

面板
模组引出片

图 2-2-9　比亚迪 e5 双列电池模组

（2）电池信息采集器（BIC）

比亚迪 e5 单列和双列模组图示中的下位机即 BIC 的安装位置，如图 2-2-10 和图 2-2-11 所示。主要是进行电压、温度和通信信号的采集。

（3）接触器

比亚迪 e5 动力电池组内部含有 4 个接触器（影响电池组是否可以串联）和 2 个熔体：2 个分压接触器和熔体（6 号和 10 号模组内部各一个），1 个正极接触器（13 号模组内部），1 个负

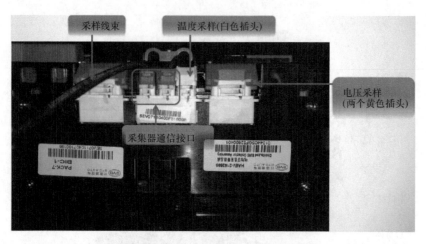

图 2-2-10　比亚迪 e5 单列电池模组 BIC

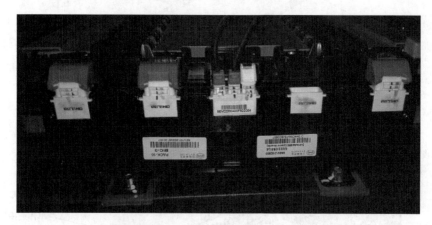

图 2-2-11　比亚迪 e5 双列电池模组 BIC

极接触器（1 号模组内部），如图 2-2-12 所示。其控制原理和普锐斯类似，此处不再赘述。

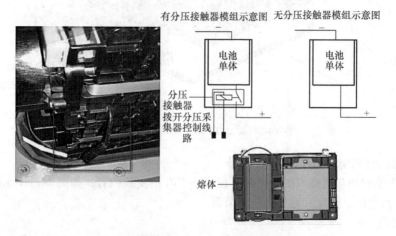

图 2-2-12　比亚迪 e5 接触器

2. 特斯拉 Model S 三元锂电池

特斯拉 Model S 电池组内部结构由电池模组、连接电缆、电池管理器、采样线、电池组固定压条、冷却管路、密封条等组成，如图 2-2-13 所示。电池板中的 16 块电池组均衡平铺在壳体上，整体结构紧凑，平铺有利于散热。每一组电池模组由六组电池单体模组串联而成，但电池单体模组的布置并没有采用均衡布置，而是采用不规则的结构，这是为了方便电池组内的散热管路布置。

图 2-2-13　特斯拉 Model S 电池组内部结构

（1）电池模组

特斯拉 Model S 电池组由 16 组电池模组串联而成，并且每组电池模组由 444 节电池单体、每 74 节并联形成，如图 2-2-14 所示。因此特斯拉 Model S 电池组由 7104 节 18650 锂离子电池组成。

此处下面有两块

图 2-2-14　特斯拉 Model S 电池模组

18650 锂离子电池即普通笔记本计算机的锂离子电池，众多 18650 锂离子电池组成电池单体模组，再由电池模组组成电池组，并由 16 组电池组构成电池板。看似简单，但实际需要解决很多连接和散热的问题。每个 18650 锂离子电池都有导热的管路，并且都采用绝缘带进行包裹，以防电池和外壳发生短路，如图 2-2-15 所示。

电池模组整体由透明塑料壳包裹住，两侧有金属散热护板包围。电池厚度比脚掌稍稍厚些，

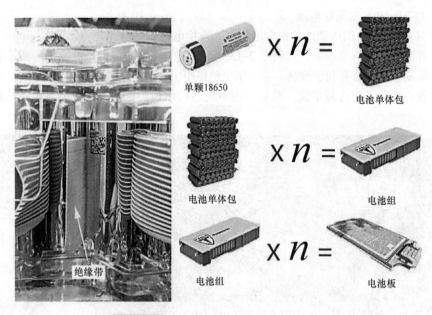

单颗18650

电池单体包

电池单体包

电池组

电池组

电池板

图 2-2-15　特斯拉 Model S 电池组的构成

属于扁长形电池模组，从而使车辆重心大大降低，如图 2-2-16 所示。

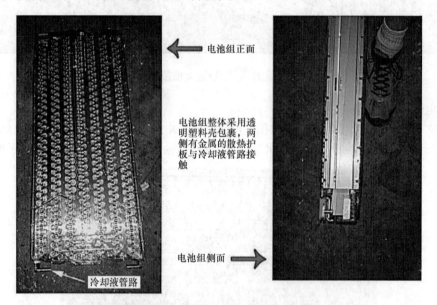

电池组正面

电池组整体采用透明塑料壳包裹，两侧有金属的散热护板与冷却液管路接触

电池组侧面

绝缘带

冷却液管路

图 2-2-16　特斯拉 Model S 电池模组的外形特征

（2）电池组的熔体

总熔体位于电池组的前端，并且有外壳保护以防受到撞击，如图 2-2-17 所示。其采用德国巴斯曼技术，额定工作电流为 630A，额定电压为 690V，分断电流为 700 ~ 200kA，在印度制造。

电池组内每一节电池都有熔体链接着，以防单节电池过热危及整体电池，并且每节电池熔体焊接非常精美，如图 2-2-18 所示。电池组中央有采样线连接到电池管理器，这些线用来检测电池组的电压，从而保证电池组正常工作。

图 2-2-17　特斯拉 Model S 电池组的总熔体

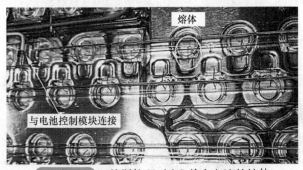

图 2-2-18　特斯拉 Model S 单个电池的熔体

（3）电池组的控制

每组电池都由一条 2/0 主线串联起来，用以输出电流，因此 2/0 主线尤其重要。主线位于电池板中央，并且有护板覆盖着，较为隐蔽，如图 2-2-19 所示。

图 2-2-19　特斯拉 Model S 2/0 主线安装位置

特斯拉采用美国 Champlain 公司专门为电动汽车生产的线缆，其最高可承受 600V 电压，并且可在 −70 ~ 150℃ 之间工作。2/0 主线由许多根铜线组成，不仅有护板保护，而且还有防火材料包裹，如图 2-2-20 所示。

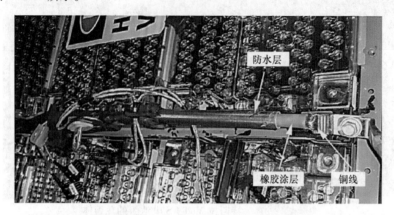

防水层

橡胶涂层　　铜线

图 2-2-20　特斯拉 Model S 2/0 主线材料

2/0 主线汇集电流后连接到输出端的接触器。接触器采用泰科电子专门为特斯拉生产的部件，如图 2-2-21 所示。

图 2-2-21　特斯拉 Model S 接触器

电池管理系统是对电池组进行安全监控及有效管理、提高蓄电池使用效率的装置。对电动汽车而言，通过该系统对电池组充放电的有效控制，可达到增加续驶里程、延长使用寿命、降低运行成本的目的，并保证电池组应用的安全和可靠性。电池管理系统主要功能包括数据采集、电池状态计算、能量管理、热管理、安全管理、均衡控制和通信功能等。特斯拉电池管理系统为自行研发，拥有高度的知识产权，该系统能自行处理充放电以及发热问题。每一组电池模组都有其独立的电池管理器，位于电池模组的侧面，如图 2-2-22 所示。

四、任务实施

（一）任务准备

安全防护：做好车辆安全防护与隔离（车内外三件套、车轮挡块、警示隔离带等）。

工具设备：数字万用表、兆欧表、绝缘防护用品、绝缘工具套装、常规工具套装、动力电池举升台、充电桩等。

台架车辆：比亚迪 e5 教学版整车、比亚迪 e5 分控联动实训台（INW-EV-E5-FL）、BMS 智能实训台架（行云新能 INW-EV-B1、INW-EV-B1R）。

图 2-2-22 特斯拉 Model S 电池管理器

辅助资料：维修手册、教材。

（二）实施步骤

1. 电池模组的更换及内部线路分析

（1）动力电池组盖打开前的工位准备工作

1）工位洁净。

2）远离溢出液体。

3）工位上没有工具或其他物体。

4）建议使用独立空间，从空间上与其他工位隔开或使用隔离带进行空间隔离。

5）附近没有飞溅火花，否则应竖起相应隔板。

（2）拆卸动力电池组的壳体端盖

进行动力电池组所有工作时原则上必须遵守当前维修说明。

拆卸壳体端盖时按以下规定步骤执行：首先清除壳体端盖的所有污物和可能存在的水分。可以使用以下清洁剂：

1）酒精。

2）风窗玻璃清洗液。

3）玻璃清洗液。

4）蒸馏水。

5）带塑料盖的吸尘器。

随后松开密封盖的螺栓并小心取下密封盖。

每次取下壳体端盖后都必须更换端盖，从而确保动力电池组密封效果。在新壳体端盖上必须粘贴新的警告提示牌。提示牌同时自动订购，但单独提供。拆解动力电池组外壳如图 2-2-23 所示。

（3）拆卸电池模组

下面的动力电池组修理说明只是列出了一般的工作内容和步骤。原则上只应遵守当前适用维修说明中的规定和说明。

拆卸电池模组或电池管理器前，必须做好位置图记录（图 2-2-24）。首先必须遵守安全规定并断开电池模组与壳体上所固定导线之间的高压导线。在此必须按照位置图使用防水销对

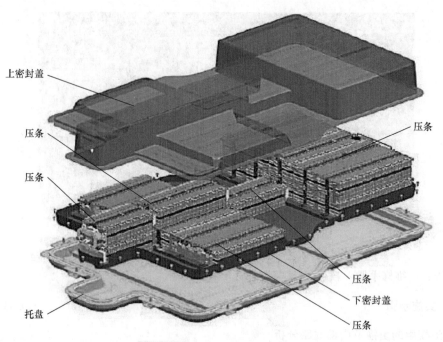

上密封盖

压条

压条

压条

压条

下密封盖

托盘

压条

图 2-2-23 拆解动力电池组外壳

所有电池模组和电池管理器进行编号。松开相关电池模组上的螺栓并取下隔板。如有必要可大范围松开电池管理器环形线束，松开时可根据需要使用专用工具。切勿使用带有尖锐棱边的物体。

图 2-2-24 拆卸电池模组（做好位置图记录）

拔下相关电池模组的高压插头并稍稍弯向一侧，从而确保能够非常顺畅地抬出电池模组。使用磁套筒头松开电池模组的螺母。小心抬出电池模组包括电池监控电子装置。为了便于操作可使用专用工具抬出，此时要注意电池模组之间的高压导线能否顺畅通过。将电池模组底部向下，以防滑防倒方式放在一个洁净平面上。

2. 动力电池组电池单体的检测与更换

（1）动力电池组电池单体的检测

在台架中，动力电池共有24块电池单体组成，这些电池单体通过串联方式组成电池模组（图2-2-25），每块电池单体的电压为3.2V，分为2个模组，额定容量20A·h，串联后动力电池模组对外输出总电压约为80V。

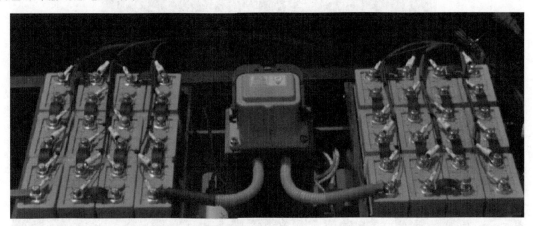

图 2-2-25　电池模组的串联

在台架中，可以用万用表对电池单体进行电压测量，在测量过程中可判断每个电池单体电压是否均衡，找到有故障的电池单体，具体实施步骤如下：

1）测量前准备（图2-2-26）。安全防护设备准备；拆装工具准备，操作人员在作业中需要佩戴好安全防护设备。

图 2-2-26　测量前准备

2）进入"电池测试"界面（图2-2-27）。单击软件电池测试进入电池测试环节。

3）电池单体电压测量（图2-2-28）。通过面板上测量端口找到所对应的电池单体进行电压检测，并记录每个电池单体电压。测量过程中正确使用万用表，确保测量面板端口号一一对应。

4）电池单体故障原因分析（图2-2-29）。测量完毕后，将所测数值进行对比，找到异常电池单体。同时根据动力电池的检测数据在显示屏幕上答题，题目答完后查看结果，根据数据分析电池故障现象。

图 2-2-27　电池测试界面

图 2-2-28　电池单体电压测量

图 2-2-29　电池单体故障原因分析

（2）电池单体的更换

1）高压下电。

① 通过电源开关下电，如图 2-2-30 所示。

② 通过应急开关下电，如图 2-2-31 所示。

③ 通过维修开关下电，如图 2-2-32 所示。

2）动力电池组盖板拆卸（图 2-2-33）。

3）动力电池线束拆卸（图 2-2-34）。拆卸过程中需要对线束连接部位提前做好标记，确

图 2-2-30　通过电源开关下电

图 2-2-31　通过应急开关下电

图 2-2-32　通过维修开关下电

保线束与桩头一一对应，防止装配过程中线束装错，拆开的线束及电池桩头需要用绝缘胶带封闭。

图 2-2-33　动力电池组盖板拆卸

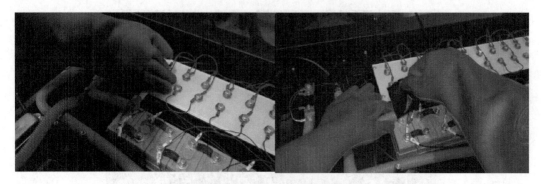

图 2-2-34　动力电池线束拆卸

4）取出动力电池组（图 2-2-35）。拆卸电池单体间的连接片，取出需要更换的电池单体，取下过程中注意电池放置平稳，防止碰擦损坏，取下的动力电池要放在安全稳固的台面上。

图 2-2-35　取出动力电池组

五、学习检查

任务

1. 对现场提供的 BMS 智能实训台架进行电池单体的检测和更换。
2. 对现场提供的比亚迪 e5 教学版整车或分控联动实训台架进行电池模组的检测和更换。
3. 故障判断标准：

故障类型	故障名称	故障级别	阈值
电压异常	电池单体一般过电压	3	3.4~3.65V
	电池单体较严重过电压	2	3.66~3.85V
	电池单体过充	1	3.86~4.0V
	电池单体一般欠电压	3	3.0~3.2V
	电池单体较严重欠电压	2	2.8~2.9V
	电池单体严重欠电压	1	2.5~2.7V
	电池单体过放	1	2.0~2.4V
过温故障	电池单体一般过温	3	45~50℃
	电池单体较严重过温	2	51~60℃
	电池单体严重过温	1	≥65℃
漏电故障	电池一般漏电	3	<500Ω/V
	电池较严重漏电	2	<300Ω/V
	电池严重漏电	1	<100Ω/V
笔记			

任务3　燃料电池的技术分析

一、任务引入

在汽车制造业，燃料电池技术通常是由企业自己研发的，但目前汽车燃料电池产业发展正在突破这种常规发展模式。汽车整车生产企业与燃料电池生产企业加强了技术整合，汽车整车生产企业与燃料电池生产企业的合作共赢成为汽车燃料电池发展的一种重要模式。我国氢燃料电池汽车发展愿景是：到 2030 年实现百万辆的氢燃料电池汽车上路行驶，到 2050 年与纯电动汽车技术共同实现汽车零排放。本节以丰田 Mirai 为例对氢燃料电池结构、原理进行技术解析。

知识要求:

1）了解氢燃料电池的组成结构。
2）熟悉燃料电池的种类。
3）理解丰田 Mirai 氢燃料电池的工作原理。

职业素养要求:

1）严格执行汽车检修规范,养成严谨科学的工作态度。
2）尊重他人劳动,不窃取他人成果。
3）养成总结训练过程和结果的习惯,为下次训练总结经验。
4）养成团结协作精神。
5）严格执行 5S 现场管理。

三、相关知识

(一)燃料电池概述

燃料电池是一种把燃料所具有的化学能直接转换成电能的装置,又称电化学发电器。它是继水力发电、热能发电和原子能发电之后的第四种发电技术。由于燃料电池是通过电化学反应把燃料化学能中的吉布斯自由能部分转换成电能,不受卡诺循环效应的限制,效率很高。另外,燃料电池用燃料和氧气作为原料,同时没有机械传动部件,故没有噪声污染,排放出的有害气体极少。由此可见,从节约能源和保护生态环境的角度来看,燃料电池是最有发展前途的发电技术。

(二)组成结构

燃料电池的主要构成组件为电极、电解质隔膜与集电器等。

1. 电极

燃料电池的电极是燃料发生氧化反应与氧化剂发生还原反应的电化学反应场所,其性能的好坏关键在于触媒的性能、电极的材料与电极的制程等。

电极主要可分为两部分,其一为阳极(Anode),另一为阴极(Cathode),厚度一般为 200 ~ 500mm;其结构与一般电池的平板电极不同之处,在于燃料电池的电极为多孔结构,设计成多孔结构的主要原因是燃料电池所使用的燃料及氧化剂大多为气体(例如氧气、氢气等),而气体在电解质中的溶解度并不高,为了提高燃料电池的实际工作电流密度与降低极化作用,故发展出多孔结构的电极,以增加参与反应的电极表面积,而此也是燃料电池当初所以能从理论研究阶段步入实用化阶段的关键原因之一。

目前高温燃料电池的电极主要以触媒材料制成,例如固态氧化物燃料电池(简称 SOFC)的 $Y_2O_3 - Stabilized - ZrO_2$(简称 YSZ)及熔融碳酸盐燃料电池(简称 MCFC)的氧化镍电极等,而低温燃料电池则主要由气体扩散层支撑一薄层触媒材料构成,例如磷酸燃料电池(简称 PAFC)

与质子交换膜燃料电池（简称 PEMFC）的白金电极等。

2. 电解质隔膜

电解质隔膜的主要功能是分隔氧化剂与还原剂，并传导离子，故电解质隔膜越薄越好，但亦需顾及强度，就现阶段的技术而言，其一般厚度在数十毫米至数百毫米。至于材质，目前主要朝两个方向发展，其一是先以石棉（Asbestos）膜、碳化硅（SiC）膜、铝酸锂（$LiAlO_3$）膜等绝缘材料制成多孔隔膜，再浸入熔融锂 - 钾碳酸盐、氢氧化钾与磷酸等中，使其附着在隔膜孔内，另一种则是采用全氟磺酸树脂（例如 PEMFC）及 YSZ（例如 SOFC）。

3. 集电器

集电器又称作双极板（Bipolar Plate），具有收集电流、分隔氧化剂与还原剂、疏导反应气体等功用，集电器的性能主要取决于其材料特性、流场设计及加工技术。

（三）燃料电池的种类

1. 固体氧化物燃料电池

固体氧化物燃料电池（SOFC）是一种直接将燃料气和氧化气中的化学能转换成电能的全固态能量转换装置，具有一般燃料电池的结构。固体氧化物燃料电池以致密的固体氧化物作为电解质，在高温 800～1000℃下操作，反应气体不直接接触，因此可以使用较高的压力以缩小反应器的体积而没有燃烧或爆炸的危险。

目前正在研制开发的新一代固体氧化物燃料电池，其特征是基于薄膜化制造技术，是典型的高温陶瓷膜电化学反应器，我们可称其为陶瓷膜燃料电池。这种提法不同于燃料电池的一般命名法，更着眼于电解质材料和构型的设计。我国已成功研制了中温（500～750℃）陶瓷膜燃料电池的关键材料，发展了多种薄膜化技术（流延法、丝网印刷法、悬浮粒子法、静电喷雾法、化学气相淀积法等），获得了厚度 5～20μm 的薄层固体电解质，比传统工艺制造的 150～200μm 电解质薄板减薄了一个数量级，单电池的输出功率达到了 500～600mW/cm^2。燃料气除氢气以外，还可以直接以天然气、生物质气为原料。最近，西门子 - 西屋公司已经完成了以天然气为燃料，内重整的 100kW 级管状电池的现场试验发电系统，试运行了 4000h，电池输出功率达 127kW，电效率为 53%。

随着对固体氧化物燃料电池基础研究的深入，其在各领域的应用也得到了开发。在发展大型电站技术的同时，固体氧化物燃料电池还用于分布式电站和备用电源技术。固体氧化物燃料电池可作为移动式电源，为大型车辆提供辅助动力源。第一辆装有固体氧化物燃料电池辅助电源系统（APU）的汽车，由巴伐利亚发动机公司与德尔福汽车系统公司合作推出，已于 2001 年 2 月 16 日在德国慕尼黑问世。固体氧化物燃料电池还可以作为轮船、舰艇用电源以及宇航等特殊用途的发电系统。另外，利用固体氧化物燃料电池系统作为碳氢气体的重整装置以制备纯氢，再配合质子交换膜燃料电池的应用也有着广阔的发展前景。2004 年 5 月，美国能源部投资 240 万美元用于固体氧化物燃料电池再生能源项目开发。固体氧化物燃料电池的广泛应用前景使其成为目前发展的热点。美国政府部门在燃料电池方面的研究投资重点已转向了固体氧化物燃料电池。

2. 氢燃料电池

氢燃料电池（RFC）以氢气为燃料，与氧气经电化学反应后透过质子交换膜产生电能。氢和氧反应生成水，不排放碳化氢、一氧化碳、氮化物和二氧化碳等污染物，无污染，发电效益高。20 世纪 60 年代，氢燃料电池就已经成功应用于航天领域。"阿波罗"飞船就安装了这种体积小、容量大的装置。20 世纪 70 年代至今，随着制氢技术的发展，氢燃料电池在发电、电动车和微型电池方面的应用开发取得了许多成果。

目前，氢燃料电池的发电效率可达 65% ~ 85%，重量能量密度为 500 ~ 700W·h/kg，体积能量密度为 1000 ~ 1200W·h/L，发电效率高于固体氧化物燃料电池。氢燃料电池在 30 ~ 90℃下运行，启动时间很短，0 ~ 20s 内即可达到满负荷工作，寿命可以达到 10 年，无振动、无废气排放，大批量生产成本可降到 100 ~ 200 美元/kW。将氢燃料电池用于电动车，与燃油汽车比较，除成本外，各方面性能均优于现有的汽车。只要进一步降低成本，预计不久就会有实用的电动车问世。

基于以上情况，各国都在加紧对氢燃料电池的开发。德国已陆续推出了各种燃氢汽车。在冰岛政府的支持下，原戴姆勒 - 克莱斯勒公司和壳牌公司于 1999 年初公布了把这个岛国变为世界上第一个"氢经济"国家的计划———最终用无污染的氢能源取代所有小轿车、公共汽车上使用的柴油和汽油。

我国在广东汕头南澳岛建立了电动汽车试验区，有近 20 辆电动车和混合动力汽车投入试验。从总体水平上看，我国的氢能和氢燃料电池的研究开发工作与国外一些发达国家相比，还有一定差距。

氢燃料电池还未完全实现大规模工业化应用的主要原因是制造氢气的难度大和成本高。制氢的方式是多种多样的，既可通过化学方法对化合物进行重整、分解、光解或水解等方式获得，也可通过电解水制氢，或是利用产氢微生物进行发酵或光合作用来制得氢气。其中，电解水制氢是一种完全清洁的制氢方式，但这种方法能耗量较大，在现场制氢方面的应用受到了一些限制，目前还在进一步研究和开发。生物制氢法采用有机废物为原料，通过光合作用或细菌发酵进行产氢。但目前对这种方法的产氢机理了解得尚不深入，在菌种培育、细菌代谢路径、细菌产氢条件等方面的许多问题还有待研究，总的来说还不成熟。目前主要的大规模产氢方式是以煤、石油、天然气为原料加热制氢，需要 800℃ 以上的高温，转化炉等设备需要特殊材料，且不适合小规模制氢。近来发展了甲醇蒸气转化制氢，这种制氢方式反应温度低（260 ~ 280℃），工艺条件缓和，能耗约为前者的 50%。甲醇还具有宜于携带运输，可以像汽油一样加注等优点。因此，甲醇转化氢气已经成为该领域的研究热点。另外，金属氢化物储氢、吸附储氢技术的研究也对车载储氢和制氢提供了途径。

3. 直接甲醇燃料电池

直接以甲醇为燃料的质子交换膜燃料电池通常称为直接甲醇燃料电池（DMFC）。膜电极主要由甲醇阳极、氧气阴极和质子交换膜（PEM）构成。阳极和阴极分别由不锈钢板、塑料薄膜、铜质电流收集板、石墨、气体扩散层和多孔结构的催化层组成。其中，气体扩散层起支撑催化层、收集电流及传导反应物的作用，由具有导电功能的碳纸或碳布组成；催化层是电化学反应的场所，常用的阳极和阴极电极催化剂分别为 PtRu/C 和 Pt/C。

直接甲醇燃料电池无须中间转化装置，因而系统结构简单，体积能量密度高，还具有启动时间短、负载响应特性佳、运行可靠性高，在较大的温度范围内都能正常工作，燃料补充方便等优点。其应用领域非常广泛，主要分为：

1）野外作业或军事领域的便携式移动电源。

2）50 ~ 1000kW 的固定式发电设备。

3）未来电动汽车动力源。

4）移动通信设备电源。

由于意识到 DMFC 是潜在的移动式电源并有可能替代部分军用电池，各国的多个科研机构对此展开了深入研究。2002 年，以色列特拉维夫大学首先开发成功了甲醇直接方式的手机燃料电池。2003 年，日本东芝公司宣布开发出一种可用于手机和小型信息终端的以高浓度甲醇为发电原料的燃料电池，这种电池的大小像手掌一样，输出的电能却是现在手机用锂离子电池的 6 倍。德国 SFC 燃料电池公司宣称已开发出甲醇电池设备的初期生产样品，该设备可应用 40W 的电源，未来将被应用于笔记本计算机、打印机、手机等产品。

近年来，微型 DMFC 及军用燃料电池已接近实用，但阳极催化剂活性差，阳极催化剂层中缺乏合理的甲醇和二氧化碳分流通道以及阻止甲醇从阳极向阴极穿透等方面还存在很多技术难题。针对这些问题，也提出了一些解决的途径。在催化剂活性方面，利用贵金属二元、三元合金催化剂来提高抗 CO 中毒的能力或寻找非贵金属催化剂以提高催化剂的活性。对于部分 CH_3OH 穿过 PEM 直接与 O_2 反应不产生电流的问题，可通过降低 CH_3OH 在 PEM 中的扩散系数、改进或研制新型 PEM 的方法减少甲醇扩散，提高电池效率。随着 DMFC 的燃料转换效率、功率密度、可靠性的提高和成本的降低，DMFC 将会成为未来理想的燃料电池。

（四）工作原理

燃料电池其原理是一种电化学装置，其组成与一般电池相同。其电池单体由正负两个电极（负极即燃料电极，正极即氧化剂电极）以及电解质组成。不同的是一般电池的活性物质储存在电池内部，因此，限制了电池容量。而燃料电池的正、负本身不包含活性物质，只是个催化转换元件。因此燃料电池是名副其实的把化学能转化为电能的能量转换机器。电池工作时，燃料和氧化剂由外部供给，进行反应。原则上只要反应物不断输入，反应产物不断排出，燃料电池就能连续地发电。这里以氢－氧燃料电池为例来说明。氢－氧燃料电池反应原理是电解水的逆过程，如图 2-3-1 所示。电极反应为：

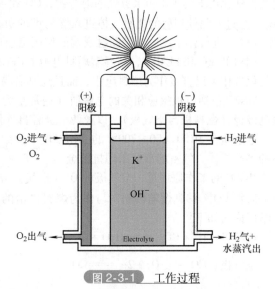

图 2-3-1　工作过程

负极：$H_2 + 2OH^- \rightarrow 2H_2O + 2e^-$

正极：$\frac{1}{2}O_2 + H_2O + 2e^- \rightarrow 2OH^-$

电池反应：$H_2 + \frac{1}{2}O_2 === H_2O$

另外，只有燃料电池本体还不能工作，必须有一套相应的辅助系统，包括反应剂供给系统、排热系统、排水系统、电性能控制系统及安全装置等。

在实用的燃料电池中因工作的电解质不同，经过电解质与反应相关的离子种类也不同。PAFC 和 PEMFC 反应中与氢离子（H^+）相关，发生的反应为：

燃料极：$H_2 === 2H^+ + 2e^-$

空气极：$2H^+ + \frac{1}{2}O_2 + 2e^- === H_2O$

总反应：$H_2 + \frac{1}{2}O_2 === H_2O$

在燃料极中，供给的燃料气体中的 H_2 分解成 H^+ 和 e^-，H^+ 移动到电解质中与空气极侧供给的 O_2 发生反应。e^- 经由外部的负荷回路，再返回到空气极侧，参与空气极侧的反应。一系列的

反应促使 e^- 不间断地经由外部回路，因而就构成了发电。并且从上式可以看出，由 H_2 和 O_2 生成 H_2O，除此以外没有其他的反应，H_2 所具有的化学能转变成了电能。但实际上，伴随着电极的反应存在一定的电阻，会引起部分热能产生，由此减少了转换成电能的比例。引起这些反应的一组电池称为组件，产生的电压通常低于 1V。因此，为了获得较高的电压需采用组件多层叠加的办法获得高电压堆。组件间的电气连接以及燃料气体和空气之间的分离，采用了称之为隔板的、上下两面备有气体流路的部件，PAFC 和 PEMFC 的隔板均由碳材料组成。堆的功率由总的电压和电流的乘积决定，电流与电池中的反应面积成比。

PAFC 的电解质为浓磷酸水溶液，而 PEMFC 电解质为质子导电性聚合物系的膜。电极均采用碳的多孔体，为了促进反应，以 Pt 作为触媒，但会造成燃料气体的 CO 中毒，降低电极性能。为此，在 PAFC 和 PEMFC 应用中必须限制燃料气体中含有的 CO 量，特别是对于低温工作的 PEMFC 更应严格地加以限制。

磷酸燃料电池的基本组成和反应原理是：燃料气体或城市煤气添加水蒸气后送到改质器，把燃料转化成 H_2、CO 和水蒸气的混合物，CO 和水进一步在移位反应器中经触媒剂转化成 H_2 和 CO_2。经过如此处理后的燃料气体进入燃料堆的负极（燃料极），同时将氧输送到燃料堆的正极（空气极）进行化学反应，借助触媒剂的作用迅速产生电能和热能。

相对 PAFC 和 PEMFC，高温型燃料电池 MCFC 和 SOFC 则不需要触媒，以 CO 为主要成分的煤气化气体可以直接作为燃料应用，而且还具有易于循环发电等特点。

MCFC 包括电极反应相关的电解质（通常是为 Li 与 K 混合的碳酸盐）和上下与其相接的两块电极板（燃料极与空气极），以及两电极各自外侧流通燃料气体和氧化剂气体的气室、电极夹等，电解质在 MCFC $600 \sim 700℃$ 的工作温度下为熔融状态的液体，形成了离子导电体。电极为镍系的多孔质体，气室的形成采用抗蚀金属。

MCFC 的工作原理是，空气极的 O_2（空气）和 CO_2 与电子相结合，生成 CO_3^{2-}（碳酸离子），电解质将 CO_3^{2-} 移到燃料极侧，与作为燃料供给的 H^+ 相结合，放出 e^-，同时生成 H_2O 和 CO_2。化学反应式如下：

燃料极：$H_2 + CO_3^{2-} \mathop{=\!=\!=} H_2O + CO_2 + 2e^-$

空气极：$CO_2 + \frac{1}{2}O_2 + 2e^- \mathop{=\!=\!=} CO_3^{2-}$

总反应：$H_2 + \frac{1}{2}O_2 \mathop{=\!=\!=} H_2O$

在这一反应中，e^- 同在 PAFC 中的情况一样，它从燃料极被放出，通过外部的回路返回到空气极，由 e^- 在外部回路中不间断的流动实现了燃料电池发电。另外，MCFC 的最大特点是，必须要有有助于反应的 CO_3^{2-} 离子，因此，供给的氧化剂气体中必须含有碳酸气体。并且，在电池内部填充触媒，从而将作为天然气主成分的 CH_4 在电池内部改质，在电池内部直接生成 H_2 的方法也已开发出来。而在燃料是煤气的情况下，其主成分 CO 和 H_2O 反应生成 H_2，因此，可以等价地将 CO 作为燃料来利用。为了获得更大的功率，隔板通常采用 Ni 和不锈钢来制作。

SOFC 是以陶瓷材料为主构成的，电解质通常采用 ZrO_2（氧化锆），它构成了 O^{2-} 的导电体 Y_2O_3（氧化钇），以作为稳定化的 YSZ（稳定化氧化锆）采用。电极中燃料极采用 Ni 与 YSZ 复合多孔体构成金属陶瓷，空气极采用 $LaMnO_3$（氧化镧锰）。隔板采用 $LaCrO_3$（氧化镧铬）。为了避免因电池的形状不同，电解质之间热膨胀差造成裂纹产生等，开发了在较低温度下工作的 SOFC。电池形状除了有同其他燃料电池一样的平板形外，还开发出了为避免应力集中的圆筒形。SOFC 的反应式如下：

燃料极：$H_2 + O^{2-} \mathop{=\!=\!=} H_2O + 2e^-$

空气极：$\dfrac{1}{2}O_2 + 2e^- \Longrightarrow O^{2-}$

总反应：$H_2 + \dfrac{1}{2}O_2 \Longrightarrow H_2O$

燃料极，H_2 经电解质而移动，与 O^{2-} 反应生成 H_2O 和 e^-。空气极由 O_2 和 e^- 生成 O^{2-}。总反应同其他燃料电池一样由 H_2 和 O_2 生成 H_2O。在 SOFC 中，因其属于高温工作型，在无其他触媒作用的情况下即可直接在内部将天然气主成分 CH_4 改质成 H_2 加以利用，并且煤气的主要成分 CO 可以直接作为燃料利用。

（五）丰田 Mirai 氢燃料电池车

Mirai 是丰田首款量产的氢燃料电池车。正如其名，Mirai 被丰田汽车视为"未来之车"。Mirai 在行驶过程中不加油、不充电、不排放尾气，唯一排放的废物是纯净水。Mirai 代表着未来，一个真正节能而环保的汽车时代。

丰田 Mirai 的主要部件如图 2-3-2 所示，由燃料电池升压器、燃料电池堆栈、动力电池、动力控制单元、驱动电机和高压储氢罐等组成。

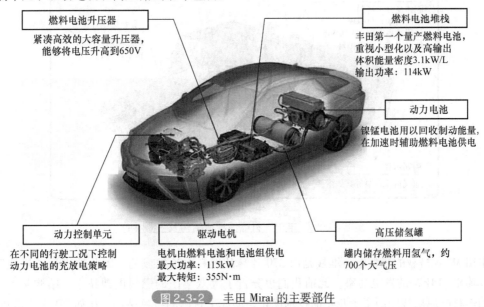

图 2-3-2 丰田 Mirai 的主要部件

除了驱动车辆，燃料电池堆还能为外部设备提供电能，如图 2-3-3 所示。借助车上的电源插口，它可以瞬间变身大号的"充电宝"，而它充电的对象可不局限于那些电子产品，简单来说，即便是家里停电了，借助它也能使各种家用电器保持一定时间的正常运行。

图 2-3-3 燃料电池堆加注与供电

新能源汽车电池及管理系统检修

Mirai 的动力系统被称作 TFSC（Toyota FC Stack），即丰田燃料电池堆栈，是以燃料电池堆栈为核心组件的混合动力系统，如图 2-3-4 所示。TFSC 没有传统的汽油发动机，也没有变速器，发动机舱内部是电机和电机的控制单元。

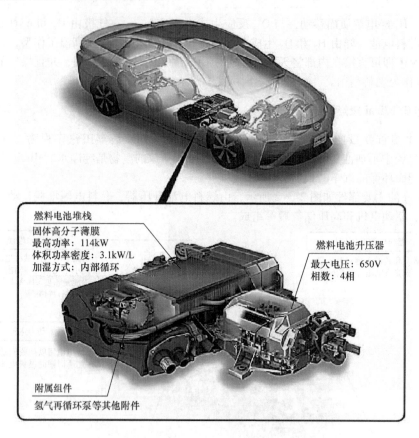

图 2-3-4　丰田燃料电池堆栈结构及主要参数

丰田 Mirai 搭载的燃料电池堆栈是由 370 片薄片燃料电池组成的，因此被称为"堆栈"，一共可以输出 114kW 的发电功率。此前我们也分析了大众集团的燃料电池技术，结构基本类似。丰田的燃料电池堆栈经历了十几年的技术优化，形成了自己的特色结构，比如 3D 立体微流道技术，通过更好地排出副产物水，让更多空气流入，有效改善了发电效率。所以整个堆栈的发电效率达到了世界先进水平，达到了 3.1kW/L，比 2008 年丰田的技术整整提升了 2.2 倍。因为燃料电池堆栈中每片电池发电的电压在 0.6 ~ 0.8V 之间，整体也不会超过 300V 电压，所以为了更好地驱动电机，还需要安装一个升压器，将电压提升到 650V，如图 2-3-5 所示。

氢气和汽油不同，常温下氢气是气体，密度非常低并且难以液化，常温下更是无法液化，所以氢气要安全储藏和运输并不容易。所以氢气无法像汽油那样直接注入普通油箱里。丰田设计了一大一小两个储氢罐，通过高压的方式尽可能多充入一些氢气。以目前的主流储存技术，丰田选用了 70MPa 的高压储气罐，类似我们常见的"煤气罐"，只不过罐体更厚重，如图 2-3-6 所示。两个储氢罐总容量是 122.4L，只能容纳约 5kg 的氢气。所以实际上燃料的重量并不大，反而储氢罐特别笨重。不用加油也不用充电，加满 5kg 氢气就可以连续跑上 650km。

为了在承受 700 个大气压的前提下仍旧保持行驶安全性，储氢罐被设计成四层结构，铝合金

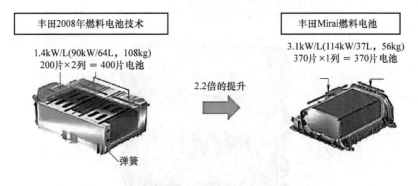

图 2-3-5 丰田燃料电池性能提升

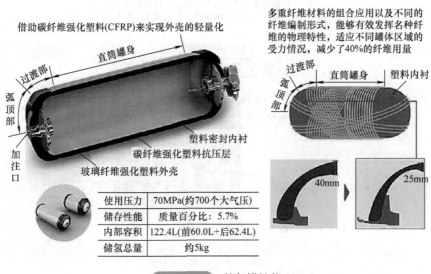

图 2-3-6 储氢罐性能

的罐体内部衬有塑料内胆，外面包裹一层碳纤维强化塑料的保护层，保护层外侧再增加一层玻璃纤维材料的减振保护层，并且每一层的纤维纹路都根据所处罐身位置不同而做了额外的优化，使纤维顺着压力分布的方向，提升保护层的效果。

因为氢分子体积小，可以透过薄膜的微小孔洞游离到对面去，但是在穿越孔洞的过程中，电子被从分子上剥离，只留下带正电的氢质子通过，氢质子被吸引到薄膜另一侧的电极与氧分子结合。电解质薄膜两侧的电极板将氢气拆分成氢离子（正电）和电子、将氧气拆分成氧离子（负电）和电子，电子在电极板之间形成电流，两个氢离子和一个氧离子结合成为纯水，是反应的废物，如图 2-3-7 所示。所以本质来讲，整个运行过程就是发电过程。因此 Mirai 是纯电动车，燃料电池堆栈代替的就是厚重且充电效率低下的锂离子电池组。

氢氧化学反应产生的副产品水
会在通路内堆积，阻碍氧气进入

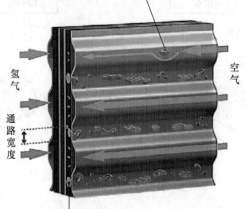

氢气

通路宽度

空气

通路过宽意味着水蒸气会有堆积的趋势，阻
碍氧气向催化剂层扩散，降低发电功率

排水性
water exclusion

反应中产生的水可以通过3D立体精微
流道迅速排出，防止堆积的水对氧气
的进一步进入产生阻碍

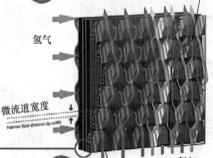

氢气

微流道宽度
Narrow flow channel rib width

氧气

扩散性
Diffusibility

空气流动，经过微流道，
氧气与催化剂层接触

正极的创新：
电解质薄膜被做得更薄，气体在扩散层的扩散性
能提升，催化剂层处于"超激活"状态，显著提
升电极响应性能

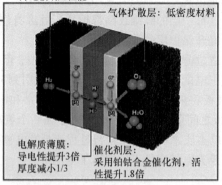

气体扩散层：低密度材料

H_2 O_2

H^+ H_2O

电解质薄膜：
导电性提升3倍
厚度减小1/3

催化剂层：
采用铂钴合金催化剂，活
性提升1.8倍

图2-3-7 丰田 Mirai 的燃料电池创新技术

四、学习检查

任务	1. 简单阐述燃料电池的种类和特点。 2. 简单阐述燃料电池的工作原理。 3. 简单阐述丰田 Mirai 燃料电池的结构特点。
笔记	

任务4　超级电容电池的技术分析

一、任务引入

超级电容电池是在超级电容器的基础上研发出来的一种电池，这种电池具有非常显著的特点，优势非常多，可应用于许多方面，比如说在新能源汽车、有轨电车等，都可以见到超级电容电池的影子。可以这么说，超级电容电池的出现以及发展，必将对新能源产业的发展产生重大的影响。本节简要对超级电容电池结构、原理进行技术解析。

二、任务要求

知识要求：
1）了解超级电容电池的组成结构。
2）熟悉超级电容电池的种类。
3）理解超级电容电池的工作原理。
职业素养要求：
1）严格执行汽车检修规范，养成严谨科学的工作态度。
2）尊重他人劳动，不窃取他人成果。
3）养成总结训练过程和结果的习惯，为下次训练总结经验。
4）养成团结协作精神。
5）严格执行 5S 现场管理。

三、相关知识

（一）超级电容电池概述

超级电容电池又叫双电层电容器（Electrical Double – Layer Capacitor），是一种新型储能装置，它具有充电时间短、使用寿命长、温度特性好、节约能源和绿色环保等特点。超级电容器用途广泛，用作起重装置的电力平衡电源，可提供超大电流的电力；用作车辆起动电源，起动效率和可靠性都比传统的蓄电池高，可以全部或部分替代传统的蓄电池；用作车辆的牵引能源可以生产电动汽车、替代传统的内燃机、改造现有的无轨电车；用在军事上可保证坦克车、装甲车等战车的顺利起动（尤其是在寒冷的冬季），作为激光武器的脉冲能源。此外还可用于其他机电设备的储能能源。

与普通电容器相比，超级电容器在结构上进行了改进调整，且在原理上得到了优化。但在使用期间超级电容器与常规电容器的功能相近。新型电容装置的功能集中表现在旁路、去耦、储能等方面，这些对于电路运行或存储电荷都有着明显的调控作用。

1. 旁路

超级电容器中的旁路电容可以定期储存电能，在其他元器件运行需要能量时，能及时释放出电荷维持使用。旁路电容器的最大功能是实现稳压器电荷输出的均衡，避免了电荷传输混乱而引起的电路故障，装置充电、放电的灵活性较强，如图2-4-1所示。

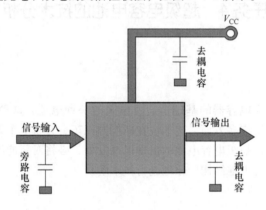

图 2-4-1　旁路电容

2. 去耦

去耦主要是针对电路内产生的"耦合"现象而言，耦合是由于电路中电流、电阻失去均衡而引起的一种"噪声"，不利于电路内部载荷的均衡布置。超级电容器使用之后，能有效地消除耦合现象，让电路中的各项指标参数维持在标准状态。

3. 储能

无论是普通的电容器或者超级电容器，储存电荷或电能都是极为关键的性能。超级电容器的电荷储存容量更大，能满足更多电子元件的使用需求。

（二）超级电容电池的特点

超级电容器在使用过程中并非每一个方面都是优越的，这就要求在运用超级电容器时能熟练掌握该装置的优缺点。受到制造技术的限制，我国在使用超级电容器时还存在安装、调试等方面的不足。不少设备因盲目使用超级电容器造成电路故障，影响了整个设备性能的发挥。作为电容器的新产品，超级电容器表现出来的优点要显著大于缺点。

1. 优点

超级电容器对普通电容器实施了多个方面的改良，是普通电容装置的升级版。主要优点体现在：

（1）电容量

早期使用的常规电容器，电容存储量较小，仅能满足小负荷的电路需求；而超级电容器的电容量级别可达到法拉级，能适合更复杂的电路运行需要。

（2）电路

超级电容器对电路结构的要求较低，不需要设置特殊的充电电路、控制放电电路，且电容器的使用时间不会受到过充、过放的影响。

（3）焊接

普通电容器无法进行焊接，在安装超级电容器时可根据需要进行焊接处理，防止了电池接触不良等现象的发生，提高了电容器元件的使用性能。

2. 缺点

（1）泄漏

超级电容器安装位置不合理，容易引起电解质泄漏等问题，破坏了电容器的结构性能。当超级电容充电时，泄漏电流会随着时间而衰减，这是因为碳电极中的离子会扩散进入孔隙中。泄漏电流会稳定在一个均衡值，该值取决于电容、电压和时间。泄漏电流与电容值成正比。超级电容均衡泄漏电流的经验估计算法为室温下 $1\mu A/F$。150mF 电容，在 160h 后的泄漏电流为 $0.2\mu A$ 和 $0.3\mu A$。泄漏电流随温度升高而呈指数上升。

当温度升高时，稳定到均衡值的时间会减小，因为离子扩散的速度更快。因此，这些电容从 0V 充电需要的时间最短。根据不同的超级电容，这个电流范围为 $5\sim50\mu A$。设计者在为能量采集电路挑选超级电容时，应考虑测试这个最小充电电流。

（2）电路

超级电容器仅限于直流电路的使用，这是由于与铝电解电容器相比，超级电容器的内阻更大，不适合交流电路的运行要求。

（3）价格

由于超级电容器是新一代高科技产品，其价格相对较高，增加了设备运行的成本投入。

（三）超级电容电池的种类

由于超级电容器是一类新型产品，在结构、材料、性能等方面都进行了不同的更新调整。根据不同的原则，对超级电容器进行分类的方法各不相同。当前，对于超级电容器的分类一般参照电容器的原理、电解质等两大要素划分，每一类超级电容器又可分成不同的类别。

1. 根据原理分类

根据不同的作用原理，超级电容器主要分为双电层型超级电容器、赝电容型超级电容器两大类。双电层型超级电容器在制造材料上进行了更新处理，如活性炭电极材料，结合高比表面积的活性炭材料加工后制成电极；碳气凝胶电极材料，结合前驱材料制备凝胶，再进行碳化活化处理作为电极。赝电容型超级电容器一般采用金属氧化物电极材料、聚合物电极材料，前者有 $NiOx$、MnO_2、V_2O_5 等用于正极材料，活性炭等用于负极材料，后者有 PPY、PTH、PAni、PAS、PFPT 等经 P 型或 N 型或 P/N 型掺杂制取电极。

2. 根据电解质分类

电解质是溶于水溶液之后具备导电性能的化合物。超级电容器里的电解质包括水性电解质、有机电解质两种。水性电解质有酸性、碱性、中性之分，不同特性电解质的组成也不相同，如酸性电解质由 36% 的 H_2SO_4 水溶液构成，碱性电解质由 KOH、NaOH 等强碱构成等。有机电解质一般选择 $LiClO_4$ 为主的锂盐、teABF$_4$ 为主的季铵盐等当成电解质，有时可根据使用需要添加相应的溶剂，如 PC、ACN、GBL、THL 等，这些对于超级电容器的性能都有明显的改善。

这种分类方法中，还可以结合电解质的具体状态详细分类。如按照电解质的固态、液态形式又可分为固体电解质超级电容器、液体电解质超级电容器。

（四）超级电容器的原理

超级电容器由两个电极插入电解质中构成。超级电容器与电解电容相比，具有非常高的功率密度和实质的能量密度。尽管超级电容器储存电荷的能力比普通电容器高，但是超级电容器与电解电容或者电池的结构非常相似。

如图 2-4-2 所示，超级电容器与电解电容或者电池的结构主要差别是用到的电极材料不一样。在超级电容器里，电极基于碳材料技术，可提供非常大的表面面积。表面面积大且电荷间隔很小，使超级电容器具有很高的能量密度。大多数超级电容器的容量通常在 1~5000F。

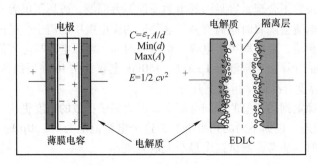

图 2-4-2 超级电容器的结构图

1. 双电层超级电容器的工作原理

双电层电容是在电极/溶液界面通过电子或离子的定向排列造成电荷的对峙所产生电场的。对于一个电极/溶液体系，会在电子导电的电极和离子导电的电解质溶液界面上形成双电层。当在两个电极上施加电场后，溶液中的阴、阳离子分别向正、负电极迁移，在电极表面形成双电层；撤销电场后，电极上的正负电荷与溶液中的相反电荷离子相吸引而使双电层稳定，在正负极间产生相对稳定的电位差。这时对某一电极而言，会在一定距离内（分散层）产生与电极上的电荷等量的异性离子电荷，使其保持电中性；当将两极与外电路连通时，电极上的电荷迁移而在外电路中产生电流，溶液中的离子迁移到溶液中成电中性，这便是双电层电容的充放电原理，如图2-4-3所示。根据双电层理论，双电层的微分电容约为

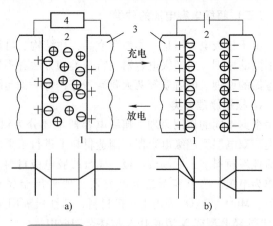

图 2-4-3 双电层超级电容器的工作原理

$20\mu F/cm^2$，采用具有很大比表面积的碳材料可获得较大的容量。双电层电容具有响应速度快、放电倍率高的特点，但储能比电容较小。

2. 法拉第准电容器的工作原理

法拉第准电容器是在双电层电容器后发展起来的，有人将其简称为准电容。这种电容电场的产生是因为电极活性物质在其表面或者体相中的二维或者准二维空间上，进行了欠电位的沉积作用，而发生了化学吸脱附或是氧化还原反应。

对法拉第准电容来说，它的电荷储存过程包括双电层上的存储和由于氧化还原反应电解液中离子在电极活性物质中将电荷储存于电极中这两部分。在电极表面会发生法拉第赝电容，这与双电层电容器电荷存储机制是完全不同的，其中一个原因是电荷存储是一个法拉第过程，另一个原因是赝电容的出现还与其他因素有关，这些关系可能源于电极接受电荷的程度（Δq）和电势变化（ΔV）之间的热力学因素。

化学吸 – 脱附机制的过程一般为：电解液中的 H^+ 或 OH^- 离子（一般为这两种）会在外加电场的作用下，从溶液中迁移到电极材料表面，然后通过电极 – 电解液的界面电化学作用进入到电极活性物质的体相中。当对其充电时，法拉第准电容器原理如图2-4-4所示。

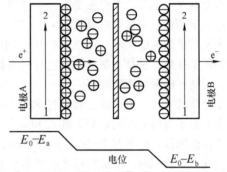

E_0-E_a：充电状态正极电位 E_0-E_b：充电状态负极电位

图2-4-4 法拉第准电容器的工作原理

（五）超级电容的充放电

一个放电的超级电容就像一个与能量源短接的电路。所幸，很多能量采集源（如太阳能电池和微发电机）都可以驱动一个短接的电路，从0V起为一只超级电容直接充电。与各种能量源（如压电或热电能）接口的IC必须能够驱动一个短接的电路，从而为超级电容充电。

业界在MPPT（最大峰值功率追踪）方面做了很大努力，以从能量采集源最有效地获得功率。当必须用恒压方式为电池充电时，这种方案是可行的。电池充电器通常是一个DC/DC变换器，它对能量源是一个恒定功率的负载，因此，采用MPPT在最高效点获得能量就是有意义的。

与电池相反，超级电容不需要以恒压充电，而以电源可以提供的最大电流充电时效率最高。一个简单而有效的充电电路，用于太阳能电池阵列的开路电压小于超级电容额定电压的情况。二极管可防止超级电容在太阳能电池无光照情况下对其反充电。如果电源的开路电压大于超级电容的电压，则超级电容需要采用分流稳压器做过电压保护。分流稳压器是过电压保护一种廉价而简单的方案，一旦超级电容充满电，就无所谓是否消耗了过多的能量。

能量采集器就像一根能无限供水的水管，为一个水槽注水（好比一只超级电容）。如果水槽满了，水管仍开着，水就会溢出。这与电池不同，电池供给能量有限，因此需要串联稳压器。

（六）超级电容电池的应用

1. 带动风力发电革命

作为新兴储能元件，超级电容具有循环寿命长、充放时间快等特点，在风力发电机狭小的密闭有限空间轮毂控制柜内，超级电容更具有适应温度范围广、体积小容量大、可焊接、维护简单等优点。在风电设备系统中，超级电容不会过充电、过放电而影响寿命，充放电过程仅仅是物理层面上的变化，不会对常年在密闭空间作业的轮毂内部造成二次污染，超级电容以保持稳定的直流电压，保证变桨伺服电动机的正常运作。

超级电容的基本工作原理是碳碳双电层原理，存储过程可逆，分析时采用 RC 模型，包括理想电容 C、等效串联内阻 RESP、等效并联内阻 REPR，RESP 影响超级电容充放电效率，REPR 影响电容自放电，即长期静止存储。双电层电容器在电极 – 电解质表面以静电形式的电荷进行储能，这种储能模式具有快速充电/放电能力、高可靠性和长循环寿命的特点，相对于铅酸蓄电池，在紧急变桨供电以应对多变风况的情况下更具有优势。

风能随机性强，环境恶劣，温度湿度变化大，盐雾侵蚀严重，这对供电模块提出了更高的要求，超级电容相比铅酸蓄电池更加稳定，实用性和可行性更强，可以预见超级电容在风力发电技术应用的比例将逐渐上升，超级电容作为风力发电机后备电源具有很高的可行性。

2. 展望新能源汽车未来

超级电容在新能源汽车中主要有三类应用：一是作为动力设备，如上海 11 路公交即为超级电容大巴，车辆运行中途充电只需 30s，一次充电可行驶 5 ~ 8km，既节能环保又兼顾城市景观；二是作为发动机的辅助驱动，在汽车快速起动时提供较大的驱动电流，减少了油耗和不完全燃烧造成的污染排放；三是对制动能量进行回收利用，当汽车需要加速时，再将这些储存的能量释放出来，提高了能源的使用效率。

据不完全统计，目前全球已有超过 60 个国家、300 个城市运营现代有轨电车；国内已有 50 多个城市开展了有轨电车的规划、建设和运营。国内正在建设的超级电容储能式有轨电车项目有武汉市大汉阳区有轨电车 T1 线，全长 19km，已采购超级电容车辆 21 列；宁波市鄞州区有轨电车示范线，全长 8km，已采购超级电容车辆 10 列；东莞市松山湖华为工业园区线，全长 5km，已采购超级电容车辆 5 列；深圳市龙华新区有轨电车 T1 线，全长约 12km，计划配超级电容车辆 15 列；武汉市东湖高新区有轨电车 T1/T2 线，全长 16/19km，计划配超级电容车辆 26 列；广州 2020 年前规划约 500km 有轨电车线网，计划配超级电容车辆约 500 列等。

超级电容储能式有轨电车已逐步融入了城市文化，它已经不仅仅是一种交通工具，而是一种新的生活方式。

四、学习检查

任务	1. 简单阐述超级电容电池的种类和优缺点。 2. 简单阐述超级电容电池的工作原理。 3. 简单阐述超级电容电池的应用。
笔记	

项目3

动力电池管理系统的检修

项目描述

本项目共两个学习任务，分别是：

任务1：电池管理系统的工作原理与检测。

任务2：动力电池组热管理系统的技术分析。

通过以上两个任务的学习，熟悉BMS的功能与工作原理；掌握电池管理器的更换与检测；了解动力电池组热管理系统；会进行热管理系统组件的更换。

任务1　电池管理系统的工作原理与检测

一、任务引入

新能源车辆中的锂离子电池，其安全性和循环寿命是新能源汽车使用寿命的焦点，锂离子电池组如何稳定运行，如何将故障率降到最低，如何在故障发生前预警，这是新能源车辆专用管理系统需要重点解决的问题。电池管理系统是用来防止电池出现过充电和过放电，延长电池的使用寿命，监控电池状态的一种系统。因此，售后技术人员要确保电池管理系统一直处于最佳的工作状态。

二、任务要求

知识要求：

1）熟悉电池管理系统（BMS）的几种状态监测。

2）了解电池管理系统工作原理。

3）掌握电池管理器外部低压连接接口的定义。

技能要求：

会进行电池管理器的更换与检测。

职业素养要求：

1）严格执行汽车检修规范，养成严谨科学的工作态度。

2）尊重他人劳动，不窃取他人成果。

3）养成总结训练过程和结果的习惯，为下次训练总结经验。

4）养成团结协作精神。

5）严格执行 5S 现场管理。

三、相关知识

（一）电池管理系统的功能

电池管理系统（Battery Management System，BMS）俗称电池保姆或电池管家，主要功能是智能化管理及维护各个电池模组，防止电池出现过充电和过放电，延长电池的使用寿命，监控电池的状态。BMS 不仅要保证电池安全可靠的使用，而且要充分发挥电池的能力和延长使用寿命，作为电池和整车控制器以及驾驶者沟通的桥梁，通过控制接触器控制动力电池组的充放电，并向整车控制器上报动力电池系统的基本参数及故障信息，如图 3-1-1 所示。

图 3-1-1 新能源汽车电池管理系统

BMS 通过电压、电流及温度检测等实现对动力电池系统的过电压、欠电压、过电流、过高温和过低温保护，继电器控制，SOC 估算，充放电管理，加热或保温，均衡控制，故障报警及处理，与其他控制器通信等功能；此外电池管理系统还具有高压回路绝缘检测功能，以及为动力电池系统加热功能。

动力电池组内的 BMS 实时采集各单体的电压值、各温度传感器的温度值、电池系统的总电压值和总电流值、电池系统的绝缘电阻值等数据，并根据 BMS 中设定的阈值判定电池系统工作是否正常，并对故障实时监控。动力电池系统通过 BMS 使用 CAN 与整车控制器或充电机之间进行通信，对动力电池系统进行充放电等综合管理。

从整车角度，电池管理系统（BMS）作用或任务可以详述为如下几点：

1）保护单体和动力电池组不受到损害。

2）使电池工作在合适的电压和温度范围内。

3）在保持电池在合适的条件运行后，满足整车的需求。

4）电池参数检测：包括总电压、总电流、单体电压检测、温度检测、绝缘检测、碰撞检测、阻抗检测、烟雾检测等。

5）电池状态建立：包括荷电量（SOC）、电池功率（SOP）、电池健康状态（SOH）。

6）在线诊断：故障包括传感器故障、网络故障、电池故障、电池过充、过放、过电流、绝缘故障等。

7）电池安全保护和告警：包括温控系统控制和高压控制，当诊断出故障、BMS上报故障给整车控制器和充电机，同时切断高压以保护电池不受到损害，包括漏电保护等。

8）充电控制：BMS慢充和快充控制。

9）电池一致性控制：BMS采集单体电压信息，采用均衡方式使电池达到一致性。电池的均衡方式有耗散式和非耗散式。

10）热管理功能：动力电池组各点的温度采集，在充电和放电过程中，BMS决定是否开启加热和冷却。

11）网络功能：包括在线标定和健康、在线程序下载。通常采用CAN网络。

12）信息存储：BMS需要存储关键数据如SOC、SOH、充放电安时数、故障码等。

（二）电池管理系统工作原理

1. 电池管理系统的架构

BMS按性质可分为硬件和软件，按功能可分为数据采集单元和控制单元。BMS的硬件有主板、从板及高压盒，还包括采集电压、电流、温度等数据的电子器件；BMS的软件监测电池的电压、电流、SOC值、绝缘电阻值、温度值，通过与整车控制器、充电机的通信，控制动力电池系统的充放电。其架构如图3-1-2所示。

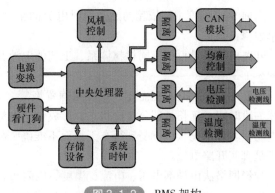

图3-1-2 BMS架构

2. BMS核心技术分析

电池状态估算包括SOC（State Of Charge）、SOP（State Of Power）、SOH（State of Health）以及均衡和热管理。

（1）荷电量（SOC）

SOC是当前动力电池剩余电量/容量的简称，汽车通过SOC知道目前的电量状态，简单地说就是电池还剩下多少电。SOC是BMS中最重要的参数，因为其他一切都是以SOC为基础的，所以它的精度和鲁棒性（也叫纠错能力）极其重要。如果没有精确的SOC，加再多的保护功能也无法使BMS正常工作，因为电池会经常处于被保护状态，更无法延长电池的寿命。

此外，SOC的估算精度也是十分重要的。精度越高，对于相同容量的电池，可以有更高的续驶里程。所以，高精度的SOC估算可以有效地降低所需要的电池成本，比如菲亚特500e BEV，可以一直放电至SOC＝5％，成为当时续驶里程最长的电动车。如果没有准确的SOC，会出现以下情况：

1）过充/过放情况，导致电池寿命缩短、趴窝等。

2）均衡的一致性效果不理想，降低输出功率，动力性能降低。

3）为了避免趴窝，设置过多冗余电量，减少整体能量输出。

所以SOC的精确估算意义重大。对车主而言，SOC直接反映的是当下的电量状态，还能行驶多远的距离，确保能顺利抵达目的地；对电池本身而言，SOC的精确估计背后涉及开路电压、瞬时电流、充放电倍率、环境温度、电池温度、停放时间、自放电率、库仑效率、电阻特性、SOC初值、DOD等的非线性影响，而且这些外在特性彼此影响，彼此也受不同材料、不同工艺等的影响，其算法也是相关企业的核心竞争力之一。

1）SOC算法现状。目前SOC主流估算方法有放电法、安时积分法、开路电压法、神经网络法、卡尔曼滤波法。

放电法即是将电池进行放电实验，以放出电量的多少为电池容量，但实际行车情况剩余电量是用来行驶的，无法单纯以放电结果作为电量预估标准。

安时积分法是通过初始与工况状态下电流和时间积分的和来计算当前电量，其公式为

$$SOC(t) = SOC(t_0) + \frac{1}{C_N}\int_{t_0}^{t} \eta \times idt$$

式中 $SOC(t_0)$——初始状态下的荷电量；

       C_N——电池额定容量；

       η——充放电效率；

       i——瞬时电流值。

当前 SOC 精度主要依赖初始和瞬时电流的精度，但是随着时间延长，误差累计严重，且无法单独修正。

开路电压法是根据不同材料体系、工艺的电池其静止开路电压与 SOC 的对应关系来计算的，如图 3-1-3 所示。

但是准确的开路电压需要一段时间静置恢复，因为充电和放电过程会让电池内部化学反应持续一段时间，延长了部分极化状态，形成极化电势，会提高和降低瞬时开路电压，使单纯的开路电压在实际工况状态下受到行车干扰而不准确。故工况状态下测得的开路电压只能作为参考，并不是真实开路电压。

神经网络法由局部电压、电流、温度、内阻等各种瞬时数据形成输入层，自动归纳规则成隐层，再通过系统模型的输出层收敛和优化形成瞬时 SOC，如图 3-1-4 所示。各层信息互不通信、并无联系，但目前达到商业标准的收敛、优化、建模技术还没有实际解决，具有成本高、稳定性差特点，技术还在研究阶段。

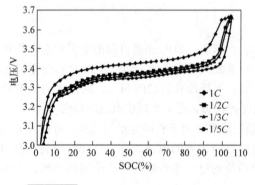

图 3-1-3   开路电压与 SOC 的对应关系

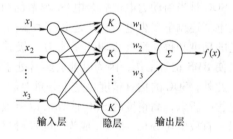

图 3-1-4   神经网络法

卡尔曼滤波法是匈牙利 R. E. Kalman 在 1960 年提出的基于最小均方差的数字滤波算法，用于最优估算动态系统状态。优点是对初始误差有很强的修正作用，缺点是需要较强的数据处理能力，准确度由电池模型决定。目前研究热度很大。

总结来说，神经网络法太难，卡尔曼滤波法研究非常多，但并不知道实际技术运行数据，放电法无法实际运用，安时积分法和开路电压法单独使用误差很大。目前主流的方法是安时积分法加开路电压法结合，实践起来较为容易，惠州亿能、科列和 CATL 等生产厂家误差基本可以实现在 5% 以内。

安时积分法和开路电压法影响因素也非常多，这些因素的分析对我们深入了解电池特性非

常有必要，也能通过分析不断提高和改进 SOC 精确度。

2）SOC 影响因素。SOC 的准确性与动力电池密切相关，即使用安时积分和开路电压计算，也需要其他影响因素的修正系数。开路电压、瞬时电流、充放电倍率、环境温度、电池温度、停放时间、自放电率、库伦效率、电阻特性、SOC 初值、DOD 以及材料特性和工艺等因素彼此相关，共同决定和影响 SOC 状态，下面将一一分析。

开路电压是指电池未接负载两端的电压值。由于开路电压稳定值与 SOC 的大小存在曲线对应关系，特定的电池批次产品能通过拟合开路电压与 SOC 的数值关系，通过电压来判定 SOC 值，但实际运行过程中温度越高，开路电压越高。温度升高，电解液黏度越低，介电常数提高，欧姆内阻降低，电压升高；电极活性材料利用率越高，活化极化降低，锂离子迁移阻力降低，电压升高，同时容量和放电功率提高。温度降低情况相反，内阻越低，开路电压越高。图 3-1-5 以磷酸铁锂实验数据为参考。

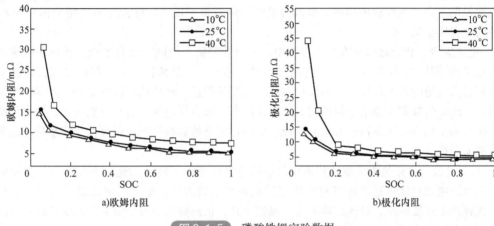

a)欧姆内阻　　　　　　　　　　　　b)极化内阻

图 3-1-5　磷酸铁锂实验数据

充电使开路电压变高，因为受到电极极化影响，电化学反应速度赶不上充电电荷传递速度，形成极化电势，使充电过程中和结束后一段时间开路电压高于稳定值。倍率越大极化越大，瞬时电压与真实电压误差越大（这也是为何大电流充电电量不经用的原因，高倍率充电状态的电压值短时间偏大导致 SOC 值偏大，此时 SOC 值如果未计入高倍率充电误差系数将会失真严重）。放电情况相反。

瞬时放电电流高，电子迁移出去但正价锂离子还未迁移出去，使负极电势提高，正极得到电子但正价锂离子还未嵌入，使正极电势降低，两者情况共同作用，使总开路电压降低。倍率越高越明显，瞬时放电相反。

温度越高，内阻越低，电解液离子迁移速度越快，电极活性提高，相对可以提高电池的容量和输出功率。实际 SOC 因温度升高变高，温度降低而变低。

停放时间一是因为极化电势的衰减，二是自放电导致电量降低。当时间足够长，与自放电率的乘积便是电量修正减值。

库伦效率是放出电量与充电电量的比值，库伦效率越高，电池稳定性越好，容量折损越少，使用寿命越长。库伦效率与温度、倍率放电、放电深度（DOD）、循环次数等有关。

SOC 初值直接影响通过安时积分法和开路电压方法计算的瞬时 SOC，一般在电池均衡后标定准确，其影响因素与 SOC 相同。

放电深度不同，稳定开路电压值也不同，如果过度充放电会造成电池不可逆的容量损失，过度充放会直接降低电池整体容量。

内阻方面分交流内阻和直流内阻。功率和容量因素主要是直流内阻影响。直流内阻分为欧姆内阻和极化内阻。欧姆内阻受电极材料、电解液、隔膜等影响；极化内阻分为欧姆极化、活化极化、浓差极化，极化内阻同材料、工艺和工作条件密切相关。

材料特性方面，正极的电压斜率大，如三元的三相变，电压好标定，斜率小，如磷酸铁锂的两相变化，电压不好标定；电解液的温度特性、电压特性，温度、电压窗口越大，电解液越稳定，循环效率越大，容量损失越小；隔膜的浸润性、孔隙率、厚度、电阻等也对 SOC 有重要影响。

工艺方面，散热工艺、电解液体系、压实密度等直接影响材料特性和环境温度，同时工艺也直接影响电池的一致性，一致性越好，SOC 的标定也越准确。

总体来说，SOC 的影响因素呈非线性关系，因此精确标定 SOC 非常困难。精确标定 SOC 能提高电池使用寿命，提高输出功率，提高经济性和降低维护成本。除此之外，精确标定 SOC 也对电池安全有所帮助。

3）电池安全。新能源汽车在发展过程中，安全性是第一位的，没有安全，环保和经济性都是没有意义的。其中，BMS 主要负责电池的保护、监测、信息传输，其中保护是根据监测来判断，监测包括电池的外部特性，如电压、电流、温度等信息。SOC 依据这些监测的外部特性信息计算得出。SOC 告知车主当前电量的同时，也让汽车了解自身电量，防止过充过放，提高均衡一致性，提高输出功率并减少额外冗余。系统底层经过复杂的算法计算，保证汽车安全持续稳定运行，提高安全性。

① 过充过放。过充是指电池达到满充状态后还继续充电。判断满充状态与否，是根据电池安全性和保证电池持续可逆循环容量来决定的电池充电最大值。如果满充之后继续充电，将会导致正极锂离子过度脱出，晶体结构坍塌；温度上升，正极材料不可逆分解，减少正极材料活性容量，增加电解液副反应，释放氧气和热量。

负极可能析出锂枝晶，穿刺隔膜导致内部短路；温度升高使 SEI 膜溶解脱落，降低循环寿命，加大潜在欧姆内阻。

过充过放正常情况下会降低电池寿命，造成不可逆容量损失，减少输出功率，续驶能力和爬坡性能降低；重则导致起火燃烧，很多事故就是过充过放引起的。

② 均衡一致性。新能源汽车的部分或全部能源来自电能，如驱动电机控制器、电机运转、冷热空调、仪器仪表等。电池由电池单体形成模组形成电池组，电池单体电压容量低，所以需要成组串联，串联提高电压，增加输出功率，并联提高容量，提高续驶里程。

但是电池单体不一致导致输出功率严重降低，续驶里程下降，继而导致过充过放等现象的发生。此时需要对电池进行均衡。目前国内流行主动均衡和被动均衡，但接下来不讨论两者之间的差别，而讨论目前的均衡指标。目前主流的均衡指标有电池实际容量、电池端电压和电池荷电状态三种，如图 3-1-6 所示。

电池实际容量均衡是让电池实际容量趋于一致，其办法是将充满状态的电池组继续小电流充电，即用过充办法直到正负极板上出现气泡，消除小容量对整体电池性能的影响，但是过充影响电池寿命，且不安全。

电池端电压均衡是将端电压趋于一致。但实际情况下，充电时内阻大的电池端电压大，需要对其放电均衡，内阻小的端电压小，需要对其充电均衡；而在放电时候情况完全相反，内阻大的端电压小，需要对其充电均衡，内阻小的端电压大，需要对其放电均衡。这样整个充放电均衡过程非常混乱，效果并不理想。

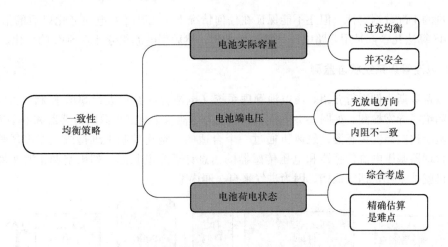

图 3-1-6　电池容量均衡指标

电池荷电状态均衡是将电池 SOC 值趋于一致，提高功率输出，保证安全性。但是难点在于 SOC 不确定影响因素太多，如何精确估算 SOC 是关键。

4）提高续驶里程。精确标定 SOC 能减少额外冗余，提高电池可使用容量，增加续驶里程。

（2）电池功率（SOP）

SOP 是下一时刻，比如下一个 2s、10s、30s 以及持续大电流的时候电池能够提供的最大放电和充电功率。当然，这里面还应该考虑到持续的大电流对熔体的影响。

SOP 的精确估算可以最大限度地提高电池的利用效率。比如在制动时可以尽量多地吸收回馈的能量而不伤害电池。在加速时可以提供更大的功率获得更大的加速度而不伤害电池。同时也可以保证汽车在行驶过程中不会因为欠电压或者过电流保护而失去动力即使是在 SOC 很低的时候。这样，所谓的一级保护、二级保护在精确的 SOP 面前都无关紧要。不是说保护不重要。保护永远都是需要的。但是它不可能是 BMS 的核心技术。对于低温、旧电池以及很低的 SOC 来说，精确的 SOP 估算尤其重要。例如，对于一组均衡很好的电池模组，在比较高的 SOC 时，彼此间 SOC 可能相差很小，比如 1% ~ 2%。但当 SOC 很低时，会出现某个电池单体电压急速下降的情况。这个单体的电压甚至比其他电池电压低 1V 多。要保证每一个电池单体电压始终不低于电池供应商给出的最低电压，SOP 必须精确地估算出下一时刻这个电压急速下降的电池单体的最大输出功率以限制电池的使用从而保护电池。估算 SOP 的核心是实时在线估算电池的每一个等效阻抗。

（3）电池健康状态（SOH）

SOH 包括两部分：安时容量和功率的变化。一般认为：当安时容量衰减 20% 或者输出功率衰减 25% 时，电池的寿命就到了。但是，这并不是说车就不能开了。对于纯电动车（EV）来说，安时容量的估算更重要一些，因为它与续驶里程有直接关系，而功率限制只是在低 SOC 的时候才重要。对于 HEV 或者 PHEV 来说，功率的变化更为重要，这是因为电池的安时容量比较小，可以提供的功率有限，尤其是在低温。对于 SOH 的要求也是既要高精度也要鲁棒性。没有鲁棒性的 SOH 是没有意义的。精度低于 20%，也没有意义。SOH 的估算也是基于 SOC 的估算。所以 SOC 的算法是算法的核心。电池状态估算算法是 BMS 的核心。其他都是为这个算法服务的。

特斯拉的核心技术是它的算法，而并不是因为它的 BMS 可以管理 7104 节电池。特斯拉的算法需要大量的工况数据定标，但还不能保证在任何情况下，尤其是在电池老化以后的估算精度。国内的 BMS 算法几乎都是用开路电压计算初始 SOC，然后用电流积分计算 SOC 的变化。

（三）电池管理系统状态监测

下面以普锐斯为例进行介绍。由电池管理系统（电池管理器）进行 SOC 控制、蓄电池冷却风扇控制和绝缘异常检测，如图 3-1-7 所示。在动力电池组中有三个温度传感器和一个进气温度传感器。基于这些温度传感器，鼓风机通过一个合适的占空比控制来维持或把温度调整到特定值。电池管理器基于电流传感器和电压传感器的信息计算充电状态。如果空调正对车厢进行冷却，鼓风机就处于停止档或低档，因为进气来自车厢内部。

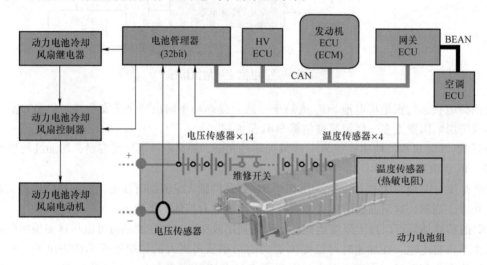

图 3-1-7 电池管理系统状态监测

1. SOC 控制

SOC 指示动力电池的充电状况，即充电率。通常是依据电池组电压、电流和温度三个数据来进行计算的。SOC 以百分比数字表示，荷电量为 0% 时表示电池组被完全放电，荷电量为 100% 则表示电池组处于电量充满状态。电池组的控制系统必须确保电池组既不能过度充电也不能过度放电。

尽管不同车辆的荷电量范围有所不同，典型的传统（非插电式）混合动力汽车 SOC 的范围下限约为 40%，上限约 70%。带充电系统的新能源汽车，无论是插电式混合动力汽车还是插电式电动汽车，其下限为 15%~25%，上限为 85%~95%。这些数值可以通过适当的解码器来查看。有些数据流还会显示不同电池组 SOC 之间的差值，或增量（delta）。这种差异的程度可以帮助技术人员辨认出电池组荷电量是否均衡。

动力电池组经过反复的充电/放电循环，在加速过程中放电，在减速过程中由再生制动充电。电池管理器始终根据计算出的充电/放电级进行充电/放电控制，以使 SOC 保持接近目标水平。如图 3-1-8 的所示，SOC 的控制目标值约为 60%。最大值约为 80%（通常控制上限约为 75%），最小值约为 20%（通常控制下限约为 30%），可以通过故障诊断仪查看。

（1）SOC 计算依据参数

图 3-1-9 所示是根据动力电池组电流、电压和温度计算 SOC。

（2）根据电池管理器计算 SOC 判断有无差异

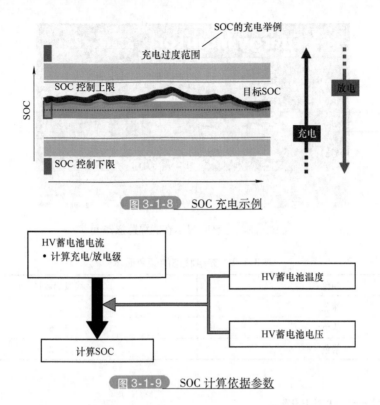

图 3-1-8　SOC 充电示例

图 3-1-9　SOC 计算依据参数

　　电池管理系统可根据电池管理器（1 个单元包含 2 个模块）计算 SOC，如图 3-1-10 所示，并在不同电池模组的 SOC 之间有差别时设定 DTC。各模组的电压和 ΔSOC 也可通过故障诊断仪的 ECU 数据表查看。

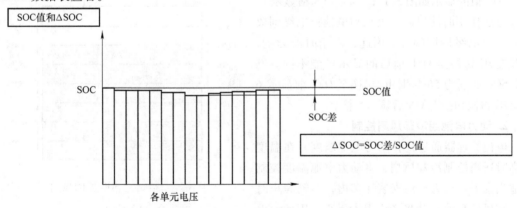

图 3-1-10　根据电池管理器计算 SOC 判断有无差异

　　（3）SOC 显示（能源监视器）

　　很多混合动力汽车和纯电动汽车都设计了动力电池组荷电量信息显示界面。但这种显示界面为用户做了简化，其显示的荷电量数据并不一定很准确。除非汽车厂家维修手册另有说明，否则技术人员必须通过参考故障诊断仪的数据来确定动力电池组的荷电量。普锐斯 SOC 显示在能源监视器上，如图 3-1-11 所示。SOC 显示根据车型的不同而不同。

　　充电状态用 8 条线段表示，分别用不同的颜色显示（表 3-1-1）。

图 3-1-11　SOC 显示在能源监视器上

表 3-1-1　充电状态的颜色显示

颜色	线段的数量
绿色	7、8
蓝色	3～6
紫色	1、2

注意：

1）8 条线段≠充电状态 100%。

2）0 条线段≠充电状态 0%。

3）输出的功率由动力电池温度控制（不是根据充电状态）。

SOC 值的显示如图 3-1-12 所示（8 格显示）。SOC 显示使用时滞以防止因动力电池充电级别改变导致充电级棒图闪烁。因此，由于时滞影响，SOC 在 IG 切换至 OFF 前后的显示可能不同。例如，SOC 级别为 56 % 时 IG 切换至 OFF 前显示 6 格⇒IG 再次切换至 ON 后显示 5 格。

2. 动力电池组冷却风扇控制

电池管理器通过检查动力电池温度并在温度升高时适当控制冷却风扇，将动力电池温度控制在适当水平。动力电池安装在车内，车辆静止时使冷却风扇高速运转将产生很大噪声。因此，电

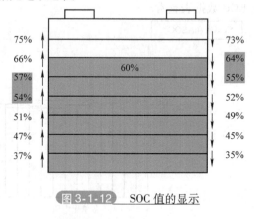

图 3-1-12　SOC 值的显示

池管理器控制冷却风扇的转速，将噪声降低至最低级别。电池管理器适当控制冷却风扇转速，如图 3-1-13 所示。控制方式根据车型的不同而不同。

3. 绝缘电阻监控

为安全起见，新能源车辆高压电路与车身接地绝缘。内置于电池管理器的漏电检测电路持续监视高压电路和车身接地之间的绝缘电阻是否保持不变，如图 3-1-14 所示。

判定标准：正对地绝缘阻值及负对地绝缘阻值均大于等于 $500\Omega/V$ 为合格，小于 $500\Omega/V$ 为不合格。

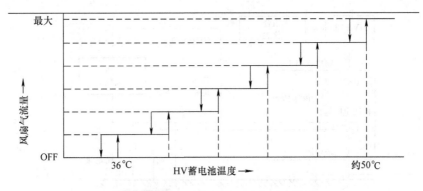

图 3-1-13　动力电池组冷却风扇控制

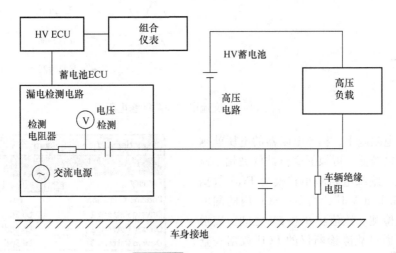

图 3-1-14　绝缘电阻监控

　　高压漏电检测电路通常位于混合动力汽车或电动汽车的电池管理器中。一个典型的漏电检测电路中基本需包含一个交流电源、一只电压表和一个含有大电阻的电路，如图 3-1-15 所示。交流电流经检测电阻器、电容器，与车身接地。该大电阻电路需连接低压底盘接地和高压直流电路的最低电位点（负极端口）。电池管理器（图中蓄电池 ECU）对漏电检测电路进行监测，留意该电路中的电阻变化并判断是否出现漏电故障。通常情况下，生成诊断故障码的电阻下限阈值大约是 $400\text{k}\Omega$。

　　有些混合动力汽车和电动汽车会一直监测高压电路可能出现的故障，而有的车辆却只在车辆上电（READY 为 ON）或下电（READY 为 OFF）时监控高压电路。有些车辆只用单个漏电检测电路来监控所有的高压电路，有的车辆则可能会使用一个以上的漏电检测电路进行监控。

　　漏电故障的一个常见诊断故障码是 P0AA6（混合动力汽车/纯电动汽车电池电压系统绝缘故障）。尽管仅从这个代码的名字看来这似乎是动力电池组的故障，但实际上这个故障可能是由其他高压部件所引起的。有些混合动力汽车和纯电动汽车制造商采用厂家专用的诊断故障码来识别高压漏电故障。技术人员通常要求根据制造商规定的维修检测操作步骤对故障进行检测和处理。有些车辆可能具有自诊断功能，能够识别故障的根源。

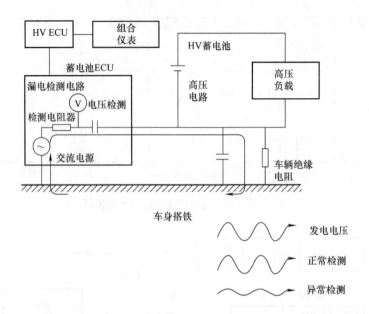

图 3-1-15　交流电源检测绝缘电阻

　　车辆绝缘电阻越小，检测电阻器的电压就越低，交流波幅也越低。可根据交流波的波幅，检测绝缘电阻值。绝缘电阻减小转换为 ECU 数据"Short Wave Highest Val"，由 HV ECU 内的漏电检测电路进行检测。该值在 0 和 5V 之间，表示绝缘电阻。可通过故障诊断仪的 ECU 数据表查看，如图 3-1-16 所示。

　　"Short Wave Highest Val"的特性如图 3-1-17所示。车辆置于 READY - ON 状态一段时间后，进行漏电检测电路工作情况检查，"Short Wave Highest Val"降至约 2V。"Short Wave Highest Val"在增压时可能降至约 0V，所以应在未增压时做出绝缘电阻减小的判断。

（四）BMS 故障处理

　　可以看出，电池管理系统不但与电池密切联系，也与整车系统有着密切联系，在所有故障当

图 3-1-16　故障诊断仪的 ECU 数据

中，相对其他系统，电池管理系统的故障是相对较高的，也是较难处理的。下面归纳了处理电池管理系统故障时的一些常用方法和电池管理系统常见故障的案例分析，供整车、电池、管理系统厂家相关人员参考。

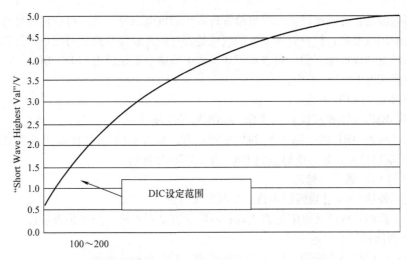

图 3-1-17　"Short Wave Highest Val" 的特性

1. BMS 故障分析方法

（1）观察法

当系统发生通信中断或控制异常时，观察系统各个模块是否有报警，显示屏上是否有报警图标，再针对得出的现象一一排查。

（2）故障复现法

车辆在不同的条件下出现的故障是不同的，在条件允许的情况下，尽可能在相同条件下让故障复现，对问题点进行确认。

（3）排除法

当系统发生类似干扰现象时，应逐个去除系统中的各个部件，来判断是哪个部分对系统造成影响。

（4）替换法

当某个模块出现温度、电压、控制等异常时，调换相同的模块，来诊断是模块问题或线束问题。

（5）环境检查法

当系统出现故障时，如系统无法显示，先不要急于进行深入的考虑，因为往往会忽略一些细节问题。首先应该看看那些显而易见的东西：如有没有接通电源？开关是否已打开？是不是所有的接线都连接上了？或许问题的根源就在其中。

（6）程序升级法

当新的程序烧录后出现不明故障，导致系统控制异常，可烧录前一版程序进行比对，来进行故障的分析处理。

（7）数据分析法

当 BMS 发生控制或相关故障时，可对 BMS 存储数据进行分析，对 CAN 总线中的报文内容进行分析。

2. BMS 常见故障案例分析

（1）系统供电后整个系统不工作

可能原因：供电异常、线束短路或是断路、DC/DC 无电压输出。

故障排除：检查外部电源给管理系统供电是否正常，是否能达到管理系统要求的最低工作电压，看外部电源是否有限流设置，导致给管理系统的供电功率不足；可以调整外部电源，使其满足管理系统的用电要求；检查管理系统的线束是否有短路或是断路，对线束进行调整，使其工作正常；外部供电和线束都正常，则查看管理系统中给整个系统供电的 DC/DC 是否有电压输出；如有异常可更换坏的 DC/DC 模块。

（2）BMS 不能与 ECU 通信

可能原因：BMU（主控模块）未工作、CAN 信号线断线。

故障排除：检查 BMU 的电源 12V/24V 是否正常；检查 CAN 信号传输线是否退针或插头未插；监听 CAN 端口数据，是否能够收到 BMS 或者 ECU 数据包。

（3）BMS 与 ECU 通信不稳定

可能原因：外部 CAN 总线匹配不良、总线分支过长。

故障排除：检测总线匹配电阻是否正确；匹配位置是否正确，分支是否过长。

（4）BMS 内部通信不稳定

可能原因：通信线插头松动、CAN 走线不规范、BIC 地址有重复。

故障排除：检测接线是否松动；检测总线匹配电阻是否正确，匹配位置是否正确，分支是否过长；检查 BIC 地址是否重复。

（5）绝缘检测报警

可能原因：电池或驱动器漏电、绝缘模块检测线接错。

故障排除：使用 BDU 显示模块查看绝缘检测数据，查看电池母线电压，负母线对地电压是否正常；使用绝缘电阻表分别测量母线和驱动器对地绝缘电阻。

（6）上电后主继电器不吸合

可能原因：负载检测线未接、预充继电器开路、预充电阻开路。

故障排除：使用 BDU 显示模块查看母线电压数据，查看电池母线电压，负载母线电压是否正常；检查预充过程中负载母线电压是否上升。

（7）采集模块数据为 0

可能原因：采集模块采集线断开、采集模块损坏。

故障排除：重新拔插模块接线，在采集线插头处测量电池电压是否正常，在温度传感器线插头处测量阻值是否正常。

（8）电池电流数据错误

可能原因：霍尔信号线插头松动、霍尔传感器损坏、采集模块损坏。

故障排除：重新拔插电流霍尔式传感器信号线；检查霍尔式传感器电源是否正常，信号输出是否正常；更换采集模块。

（9）电池温差过大

可能原因：散热风扇插头松动，散热风扇故障。

故障排除：重新拔插风扇插头线；给风扇单独供电，检查风扇是否正常。

（10）电池温度过高或过低

可能原因：散热风扇插头松动，散热风扇故障，温度探头损坏。

故障排除：重新拔插风扇插头线；给风扇单独供电，检查风扇是否正常；检查电池实际温度是否过高或过低；测量温度探头内阻。

（11）继电器动作后系统报错

可能原因：继电器辅助触点断线，继电器触点粘连。

故障排除：重新拔插线束；用万用表测量辅助触点通断状态是否正确。

（12）不能使用充电机充电

可能原因：充电机与 BMS 通信不正常。

故障排除：更换一台充电机或 BMS，以确认是 BMS 故障还是充电机故障；检查 BMS 充电端口的匹配电阻是否正常。

（13）车载仪表无 BMS 数据显示

可能原因：主控模块线束连接异常。

故障排除：检查主控模块线束是否连接完备，是否有正常的低压工作电压，该模块是否工作正常。

（14）部分电池箱的检测数据丢失

可能原因：整车部分接插件可能接触不良，或者 BMS 从控模块不能正常工作。

故障排除：检查接插件接触情况，或更换 BMS 模块。

（15）SOC 异常

现象：SOC 在系统工作过程中变化幅度很大，或者在几个数值之间反复跳变；在系统充放电过程中，SOC 有较大偏差；SOC 一直显示固定数值不变。

可能原因：电流不校准；电流传感器型号与主机程序不匹配；电池长期未深度充放电；数据采集模块采集跳变，导致 SOC 进行自动校准。

SOC 校准的两个条件：达到过充保护；平均电压达到 xxV 以上。客户电池一致性较差，过充时，第二个条件无法达到。通过显示查看电池的剩余容量和总容量；电流传感器未正确连接。

故障排除：在触摸屏配置页面里校准电流；更改主机程序或者更换电流传感器。

对电池进行一次深度充放电；更换数据采集模块，对系统 SOC 进行手动校准，建议客户每周做一次深度充放电；修改主机程序，根据客户实际情况调整"平均电压达到 xxV 以上"这个条件中的 xxV。设置正确的电池总容量和剩余容量；正确连接电流传感器，使其工作正常。

（16）BIC 电压采集不准

可能原因：电池组 PACK 后没有校准。

故障排除：重新校准，误差较大时检测线束是否有接触不良情况。

四、任务实施

（一）任务准备

安全防护：做好车辆安全防护与隔离（车内外三件套、车轮挡块、警示隔离带等）。

工具设备：数字万用表、兆欧表、绝缘防护用品、绝缘工具套装、常规工具套装、动力电池拆装举升台。

台架车辆：比亚迪 e5 分控联动训练台（行云新能 INW – EV – E5 – FL）和普锐斯分控联动台架（行云新能 INW – HEV – PRIUS – FL）、比亚迪 e5 教学版整车和丰田普锐斯整车。

辅助资料：汽车维修手册、教材。

（二）实施步骤

1. 电池管理系统外部低压连接接口的定义

1）比亚迪 e5 电池信息采集器（BIC）插口定义如图 3-1-18 和表 3-1-2 所示。

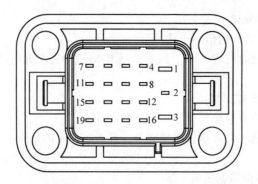

图 3-1-18 比亚迪 e5 BIC 插口定义

表 3-1-2 比亚迪 e5 BIC 插口定义

针脚号	端口名称	端口定义	信号类型	稳态工作电流/A
D - 1	NC	NC		
D - 2	NC	NC		
D - 3	NC	NC		
D - 4	采集器电源正	采集器电源正	电压	1.3
D - 5	负极接触器电源	负极接触器电源	电压	
D - 6	分压接触器电源 1	分压接触器电源 1	电压	
D - 7	分压接触器电源 2	分压接触器电源 2	电压	
D - 8	正极接触器电源	正极接触器电源		
D - 9	高压互锁信号输入	高压互锁信号输入	PWM	
D - 10	采集器 can 屏蔽地	采集器 can 屏蔽地	NC	
D - 11	NC	NC	NC	
D - 12	采集器 CANL	采集器 CANL		
D - 13	采集器 CANH	采集器 CANH		
D - 14	高压互锁信号输出	高压互锁信号输出	PWM	
D - 15	采集器电源地	采集器电源地	电压	1.3
D - 16	负极接触器控制	负极接触器控制		0.1
D - 17	分压接触器控制 1	分压接触器控制		0.1
D - 18	分压接触器控制 2	分压接触器控制 2		0.1
D - 19	正极接触器控制	正极接触器控制		0.1

2）比亚迪 e5 电池管理器（BMS）插口定义如图 3-1-19 和表 3-1-3 所示。

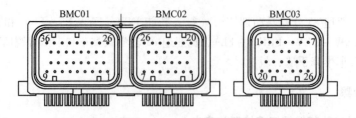

图 3-1-19 比亚迪 e5 BMS 插口定义

表 3-1-3　比亚迪 e5 BMS 插口定义

连接端子	端子描述	线色	条件	正常值
BMC01 − 1 ~ GND	高压互锁输出信号	W	ON 档/OK 档/充电	PWM 脉冲信号
BMC01 − 2 ~ GND	一般漏电信号	L/W	一般漏电	小于 1V
BMC01 − 6 ~ GND	整车低压地	B	始终	小于 1V
BMC01 − 9 ~ GND	主接触器拉低控制信号	Br	整车上高压电	小于 1V
BMC01 − 10 ~ GND	严重漏电信号	Y/G	严重漏电	小于 1V
BMC01 − 14 ~ GND	12V 蓄电池正	G/R	ON 档/OK 档/充电	9 ~ 16V
BMC01 − 17 ~ GND	主预充接触器拉低控制信号	W/L	预充过程中	小于 1V
BMC01 − 26 ~ GND	直流霍尔信号	W/B	电源 ON 档	0 − 4.2V
BMC01 − 27 ~ GND	电流霍尔 + 15V	Y/B		9 ~ 16V
BMC01 − 28 ~ GND	直流霍尔屏蔽地	Y/G		
BMC01 − 29 ~ GND	电流霍尔 − 15V	R/G	ON 档/OK 档/充电	− 16 ~ − 9V
BMC01 − 30 ~ GND	整车低压地	B	始终	小于 1V
BMC01 − 31 ~ GND	仪表充电指示灯信号	G	充电时	
BMC01 − 33 ~ GND	直流充电正、负极接触器拉低控制信号	Gr		小于 1V
BMC01 − 34 ~ GND	交流充电接触器控制信号	G/W	始终	小于 1V
BMC02 − 1 ~ GND	DC12V 电源正	R/B	电源 ON 档/充电	11 − 14V
BMC02 − 4 ~ GND	直流充电感应信号	Y/R	充电时	
BMC02 − 5 ~ GND	整车低压低	B	始终	
BMC02 − 7 ~ GND	高压互锁输入信号	W	ON 档/OK 档/充电	PWM 脉冲信号
BMC02 − 11 ~ GND	直流温度传感器高	G/Y	ON 档/OK 档/充电	2.5 ~ 3.5V
BMC02 − 13 ~ GND	直流温度传感器低	R/W		
BMC02 − 14 ~ GND	直流充电口 CAN2H	P		
BMC02 − 15 ~ GND	整车 CAN1H	P	ON 档/OK 档/充电	1.5 ~ 2.5V
BMC02 − 16 ~ GND	整车 CAN 屏蔽地			
BMC02 − 18 ~ GND	VTOG/车载感应信号	L/B	充电时	小于 1V
BMC02 − 20 ~ GND	直流充电口 CAN2L	V	直流充电时	
BMC02 − 21 ~ GND	直流充电口 CAN 屏蔽地		始终	小于 1V
BMC02 − 22 ~ GND	整车 CANH	V	ON 档/OK 档/充电	1.5 ~ 2.5V
BMC02 − 25 ~ GND	碰撞信号	Y/G	启动	约 − 15V
BMC03 − 1 ~ GND	采集器 CANL	V	ON 档/OK 档/充电	1.5 ~ 2.5V
BMC03 − 2 ~ GND	采集器 CAN 屏蔽地		始终	小于 1V
BMC03 − 3 ~ GND	1#分压接触器拉低控制信号	G/B		小于 1V
BMC03 − 4 ~ GND	2#分压接触器拉低控制信号	Y/B		小于 1V
BMC03 − 7 ~ GND	BIC 供电电源正	R/L	ON 档/OK 档/充电	9 ~ 16V
BMC03 − 8 ~ GND	采集器 CANH	P	ON 档/OK 档/充电	2.5 ~ 3.5V
BMC03 − 10 ~ GND	负极接触器拉低控制信号	L/B	接触器吸合时	小于 1V
BMC03 − 11 ~ GND	正极接触器拉低控制信号	R/G	接触器吸合时	小于 1V
BMC03 − 14 ~ GND	1#分压接触器 12V 电源	G/R	ON 档/OK 档/充电	9 ~ 16V
BMC03 − 15 ~ GND	2#分压接触器 12V 电源	L/R	ON 档/OK 档/充电	9 ~ 16V
BMC03 − 20 ~ GND	负极接触器 12V 电源	Y/W	ON 档/OK 档/充电	9 ~ 16V
BMC03 − 21 ~ GND	正极接触器 12V 电源	R/W	ON 档/OK 档/充电	9 ~ 16V
BMC03 − 26 ~ GND	采集器电源地	R/Y	ON 档/OK 档/充电	

3）丰田普锐斯电池管理器插口定义如图 3-1-20 和表 3-1-4 所示。

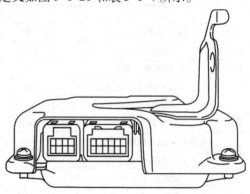

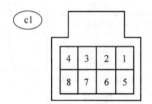

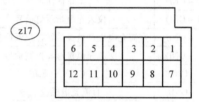

图 3-1-20　丰田普锐斯电池管理器插口定义

表 3-1-4　丰田普锐斯电池管理器插口定义

端子编号（符号）	配线颜色	端子描述	条件	标准
z17 - 4（BT2）- z17 - 1（GB2）	L - L	蓄电池温度传感器 2	HV 蓄电池温度：-40 ~ 90℃	4.8（-40℃）~ 1.0V（90℃）
z17 - 5（TB1）- z17 - 11（GB1）	B - B	蓄电池温度传感器 1	HV 蓄电池温度：-40 ~ 90℃	4.8（-40℃）~ 1.0V（90℃）
z17 - 6（TBO）- z17 - 12（GBO）	W - W	蓄电池温度传感器 0	HV 蓄电池温度：-40 ~ 90℃	4.8（-40℃）~ 1.0V（90℃）
c1 - 1（IB）- c1 - 6（GIB）	P - B	电流传感器	电源开关 ON（READY）	0.5 ~ 4.5V
c1 - 5（VIB）- c1 - 6（GB）	G - B	蓄电池电流传感器电源	电源开关 ON（IG）	4.5 ~ 5.5V
c1 - 4（IGCT）- c1 - 8（GND）	L - W - B	控制信号	电源开关 ON（READY）	11 ~ 14V
c1 - 2（BTH +）- c1 - 8（GND）	R - W - B	串行通信	电源开关 ON（IG）	产生脉冲（波形 1）
c1 - 3（BTH -）- c1 - 8（GND）	G - W - B	串行通信	电源开关 ON（IG）	产生脉冲（波形 2）
c1 - 7（VM）- c1 - 8（GND）	V - W - B	蓄电池 0 号冷却鼓风机监视信号	冷却鼓风机激活	0 ~ 5V
c1 - 8（GND）- 车身接地	W - B	接地	始终（导通性检查）	小于 1Ω

2. 电池管理器的更换

（1）比亚迪 e5 电池管理器的更换

比亚迪 e5 电池管理器位于高压电控后部，如图 3-1-21 所示。

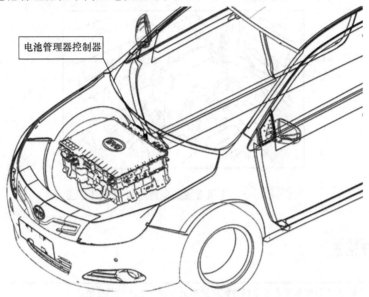

图 3-1-21 比亚迪 e5 电池管理器安装位置

若确认电池管理器有问题，导致车辆不能运行，应按以下步骤拆卸。

1）将车辆退电至 OFF 档，等待 5min。

2）打开前舱盖，拆下低压电池负极。

3）拔掉电池管理器上连接的动力电池采样线和整车低压线束的接插件，拔掉整车低压线束在电池管理器支架上的固定卡扣。

4）用 10 号套筒拆卸电池管理器的三个固定螺母。

5）更换电池管理器，插上动力电池采样线和整车低压线束的接插件，确认。

6）用 10 号套筒拧紧电池管理器的三个固定螺母。

7）安装低压电池负极，整车上电再次确认问题是否解决，解决结束。

注：更换电池管理器时，根据原车电池组数据标定电池容量和 SOC，如图 3-1-22 所示。

图 3-1-22 比亚迪 e5 标定电池容量和 SOC

（2）丰田普锐斯电池管理器的更换

丰田普锐斯电池管理器位于动力电池组内，如图 3-1-23 所示。断开 3 个插接器和 2 颗螺栓即可拆下电池管理器；螺栓拧紧力矩为 7.5N·m。

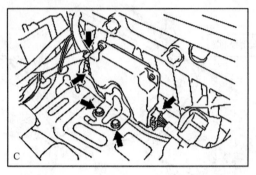

图 3-1-23　丰田普锐斯电池管理器安装位置

五、学习检查

任务	1. 在比亚迪 e5 教学版整车和丰田普锐斯整车上进行电池管理器更换。 2. 根据针脚定义，在比亚迪 e5 分控联动训练台（行云新能 INW – EV – E5 – FL）和普锐斯分控联动台架（行云新能 INW – HEV – PRIUS – FL）上进行 BIC 和电池管理器的每个针脚信号的检测确认。
笔记	

任务 2　动力电池组热管理系统的技术分析

一、任务引入

与大多数电池一样，动力电池组也需要在特定的温度范围内才能保持良好的性能。为了维持电池组的性能，大多数新能源汽车都含有电池热管理系统。通过本任务学习，掌握目前主流的几种热管理系统控制原理，会进行相关组件的更换。

二、任务要求

知识要求：

1）掌握动力电池组热管理系统的类型。

2）了解动力电池组热管理系统的工作原理。

技能要求：

会进行动力电池组热管理系统组件的检测与更换。

职业素养要求：

1）严格执行汽车检修规范，养成严谨科学的工作态度。
2）尊重他人劳动，不窃取他人成果。
3）养成总结训练过程和结果的习惯，为下次训练总结经验。
4）养成团结协作精神。
5）严格执行5S现场管理。

三、相关知识

（一）动力电池组热管理系统的类型

动力电池组作为电动汽车上的主要储能装置，是混动/电动汽车的关键部件，其性能直接影响混动/电动汽车的性能。目前电池普遍存在比能量和比功率低、循环寿命短、使用性能受温度影响大等缺点。由于车辆空间有限，电池工作中产生的热量累积，会造成各处温度不均匀，从而影响电池单体的一致性，降低电池充放电循环效率，影响电池的功率和能量发挥，严重时还将导致热失控，影响系统安全性与可靠性。为了使电池组发挥最佳的性能并延长使用寿命，大多数混合动力和纯电动汽车都含有电池热管理系统。电池组的理想温度可能会随不同类型的电池而变化。常见电池组的理想温度范围通常为 25～40℃。

电池热管理的主要功能包括：电池温度的准确测量和监控；电池组温度过高时的有效散热；低温条件下的快速加热；保证电池组温度场的均匀分布；电池散热系统与其他散热单元的匹配。

电池组热管理系统有两种运行方式：风冷式或水冷式。风冷方式易实现，但动力电池组温度梯度变化较大，不利于电池稳定工作。通过冷却液与空调系统的制冷剂进行换热的液冷方式逐渐成为主流。对新能源汽车电池热问题的科学管理，需要考虑多个系统的相互影响。动力电池组冷却与汽车空调系统、电机冷却系统、发动机冷却系统等多个系统存在不同程度的耦合。这样在做电池系统温度控制策略、热管理时就要同时分析与其他系统的影响关系。当环境温度较低时，许多电池组的热管理系统也负责对电池组进行加热。

大多数传统的混合动力汽车采用的是风冷式电池组。但插电式混合动力和纯电动汽车中只有部分使用的是风冷式电池组，其他基本都使用水冷式电池组。少数汽车（如北汽）甚至不使用冷却系统。北汽新能源汽车使用的动力电池正常工作温度范围在 20～80℃，适合在我国大部分地区使用，可不装专用的散热冷却风机。实际装车使用证明，依靠车辆行驶途中的气流，就可达到散热的要求。

1. 动力电池组风冷系统

风冷式电池组的工作原理是使用一个或多个风机从汽车车厢内一个或多个进风口将风抽入电池组盒内，从而进行冷却。当环境温度过高或过低时，汽车车厢会使用加热或制冷系统功能。因此，在高温天气中，电池组接受冷风，而在寒冷天气，则一般接受热风。当然，大部分风冷式电池组还有 PTC 加热片进行辅助加热。

风冷式动力电池组的进风口通常在车厢内相对靠近电池组的位置，且可能位于以下多个地方：

1）汽车后座坐垫下。

2）汽车座椅靠垫某一侧（图3-2-1）。

3）整合到汽车的内饰中。

4）汽车的行李架上（轿车车型）。

图3-2-1 普锐斯风冷式动力电池组的进风口

当外界气温炎热时，可以将乘员舱温度较低的冷空气由12V鼓风电动机（通常是笼式电动机），从进风口输送吸入镍氢蓄电池组的壳体为电池组通风降温，冷空气在壳体内部流动过后被加热，冷却完毕后，通过出风口向车外排气，如图3-2-2所示。有些出风管在汽车外部明显可见，有的则可能比较隐蔽，例如说隐藏在汽车后保险杠盖下。

鼓风电动机控制器会根据电池组中温度传感器读取的电池组温度，做出相应的参数调整（例如转速调整）。根据车型不同，电池组中温度传感器的数量会有所差异。普锐斯进气冷却温度传感器是安装在电池鼓风机到电池组的底部管道上的，用于检测进入电池组的进气温度。限于电池在车架上的布置空间，绝大多数新能源汽车的动力电池均采用水平安装，散热鼓风机装在进风管的前方，电池组的底部是冷

图3-2-2 普锐斯风冷式动力电池组的出风口

空气的通道，上部则是向车外排热风的管道，如图3-2-3所示。

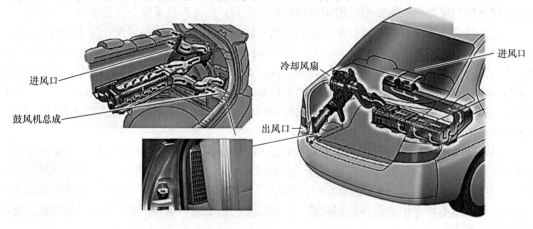

图3-2-3 普锐斯通风管道结构

2. 动力电池组水冷系统

某些插电式混合动力汽车使用的大型电池组可能难以被风冷系统有效地冷却或加热，尤其是在寒冷的天气里，因为需要耗去更多的时间来加热大型电池组以让其达到适宜的工作温度。若行驶时电池组的温度低于汽车全功率运行所需的最低温度，可能会影响电池组的使用寿命。

所以，插电式混合动力和纯电动汽车大多都使用水冷系统给其大型电池组进行冷却，如图3-2-4所示。

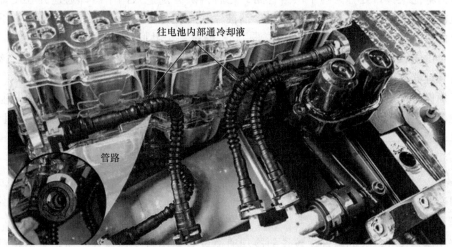

往电池内部通冷却液

管路

图 3-2-4 特斯拉动力电池组冷却系统

特斯拉每组电池都需要通入一定量的冷却液。特斯拉动力电池组的冷却液并没有泵驱动，而是主动流动，但整个电池组所有管路都是相通的，冷却液可热胀冷缩进行一定范围的流动。冷却液呈绿色，由50%的水和50%的乙二醇混合而成。冷却液配合铝管使用主要是为了保持电池温度的均衡，防止电池局部温度过高导致电池性能下降。特斯拉的电池热管理系统可将电池组之间的温度控制在±2℃，从而延长电池的使用寿命。

还有一部分新能源汽车的动力电池组水冷系统通常使用一个或多个电水泵，将冷却液泵入散热器流入电池组冷却管路，带走热量并流出电池组。不同车型有不同的电池组冷却路径，有的冷却系统甚至会使用多个电水泵或冷却循环回路同时冷却其他的高压部件。某些动力电池组水冷系统也会使用冷凝器对流经电池后的冷却液进行再一次的冷却。许多汽车的冷却回路也是加热回路。在极冷天气下对电动汽车进行充电的时候，加热系统可能会被自动激活，如图3-2-5所示。

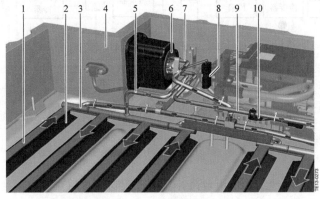

图 3-2-5 宝马动力电池组内的冷却组件

1—热交换器 2—弹簧 3—冷却通道连接装置 4—动力电池壳体
5—制冷剂供给管路 6—膨胀和截止阀连接法兰 7—制冷剂回流管路
8—电气加热装置插头 9—制冷剂供给管路 10—制冷剂温度传感器

在动力电池组内部，制冷剂在管路和铝合金冷却通道内流动。通过入口管路流入的制冷剂直接在动力电池组接口处分为两个供给管路，之后再次分别进入两个冷却通道并在冷却通道内吸收电池模组的热量。在冷却通道末端制冷剂被输送至相邻冷却通道内，由此回流并继续吸收电池模组的热量。最后四条管路重新汇集到一起，通过一个共同的管路回流到抽吸管路接口处。在其中一个供给管路上还有一个温度传感器，传感器信号用于控制和监控冷却功能，该信号直接由电池管理器读取。

为了确保冷却通道能完成排出电池模组热量的任务，必须以均匀的作用力将冷却通道整个压到电池模组上。这个压紧力通过嵌有冷却通道的弹簧条产生。弹簧支撑在动力电池组壳体上，从而将冷却通道压到电池模组上。

温馨提示

制冷剂管路、冷却通道和弹簧条构成了一个单元，进行修理时只能以单元形式更换。为简单起见，该单元又称为热交换器，但是不要与传统车辆前部的热交换器混淆。

热交换器是尺寸较大的组件。较长的冷却通道没有采用自支撑设计，而是采用相对较薄的壁厚。这样导热性极佳，但机械稳定性较低。处于安装状态时这不是什么缺点，因为动力电池组壳体可确保机械稳定性。但在维修过程中要特别小心，需要由两个人抬起新的热交换器，否则很容易导致新部件损坏。

（二）动力电池组热管理系统的工作原理

动力电池组热管理系统可实现不加热也不冷却、冷却或加热三种运行状态。主要根据电池温度、车外温度以及动力电池组获取或输送的功率来启用这些运行状态，如图3-2-6所示。

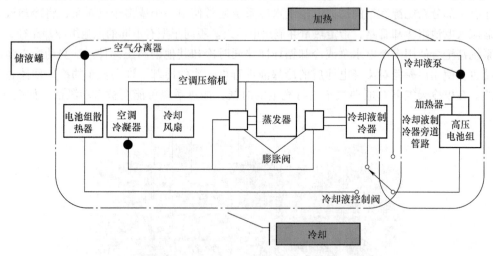

图 3-2-6 动力电池组的热管理系统工作原理

为了尽可能延长动力电池组的使用寿命并获得最大功率，需在规定温度范围内使用动力电池。−40 ～ +50℃时，动力电池组处于可运行状态。但这些温度限值是指实际电池温度而非车外温度。就温度特性而言，动力电池组是一个惰性系统，即电池需要几个小时才能达到环境温度。因此在极其炎热或寒冷的环境下短暂停留并不表示电池也已经达到同样温度。但就使用寿命和功率而言，最佳电池温度范围明显受限，为 25 ～ 40℃。这里指的是电池单体温度，而不是车外温度。如果电池单体温度持续明显超出该范围，同时又有高功率输出，就会对电池单体的使用寿命产生不利影响。为了消除该影响并在任何车外温度条件下确保最大功率，动力电池组带有自动运行的加热和冷却装置；将其接入空调系统制冷剂循环回路内。

1. 不加热也不冷却运行

如果电池温度已处于最佳范围内（25～40℃），就会启用不加热也不冷却的运行状态。车辆在适中环境温度下以较低功率行驶时通常会启用该运行状态。动力电池组壳体底部面积较大，通过此处（借助行驶风）将热量释放到环境中。该运行状态非常高效，因为不需要其他能量对动力电池组进行温度调节。相关组件按以下方式工作：

1）动力电池组内的加热装置不通电。

2）电动空调压缩机不运行或不进行动力电池组冷却运行。但必须对车内空间进行冷却时可以运行。

3）动力电池组上的膨胀阀关闭。

由于所有电池模组位于动力电池组同一个壳体内并通过该壳体形成热接触，所有电池上的温度基本相同。

2. 冷却运行

电池温度增加约 30℃ 时，就会开始冷却动力电池组，如图 3-2-7 所示。电池管理系统（BMS）通过一个按脉冲宽度调制的信号接通电动冷却液泵，这样冷却液就进行循环并将少量热量从动力电池组上带走（循环模式）。电动冷却液泵输送冷却液进行循环。只要冷却液温度低于电池模组，就可以只靠冷却液循环来冷却电池模组。

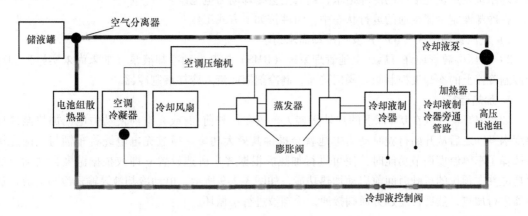

图 3-2-7　常规冷却控制

如果冷却液温度因此升高，就无法将电池组温度维持在所需范围内（25～40℃）。在这种情况下必须降低冷却液温度，这借助一个冷却液 – 制冷剂热交换器（即冷却液制冷器）进行。该冷却液制冷器是动力电池组冷却液循环和空调制冷剂循环之间的接口，如图 3-2-8 所示。

当冷却液制冷器上的冷却液控制阀和旁通阀受电动控制并因此而断开时，膨胀阀上压力下降，可使制冷剂达到较低温度（低于 10℃），液态制冷剂流入冷却液制冷器后流过动力电池组内的冷却通道并蒸发。此时，制冷剂吸收电池模组的热量并对其进行冷却，并且也从流过的冷却液中吸收热量。蒸发的制冷剂离开动力电池组，经电动空调压缩机压缩，然后输送到冷凝器内液化，在这里恢复液态。由此，制冷剂可重新吸收热量。虽然该过程需要高压车载网络提供能量，但其意义非常重大：只有这样才能确保电池具有较长使用寿命和较高效率。

123

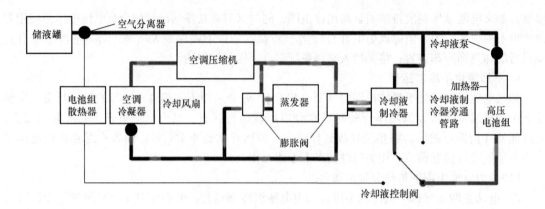

图 3-2-8　增强冷却控制

如果电池单体温度已在最佳范围内或在该范围之下，则采用冷却液制冷器关闭的运行状态（不加热也不冷却的运行状态）。当车辆在适中的车外温度下以较低的电功率行驶时，就属于这种情况。冷却液制冷器关闭的运行状态特别高效，因为不需要额外能量来冷却动力电池组。

如果电池温度继续上升，电池管理系统（BMS）分两个优先级向空调控制单元发送一个冷却需求请求。然后空调决定是冷却车厢内部、动力电池组还是两个都冷却。如果电池管理系统发送的冷却请求优先级较低且车厢内部的冷却需求较高，空调可能会拒绝冷却请求。然而，如果电池管理系统发送优先级高的冷却请求，则总是会冷却动力电池组。

在冷却液制冷器接通的运行状态中，组件按如下方式工作：

1）电池管理系统（BMS）发出冷却需求请求。

2）高压电源管理许可后，电池管理系统（BMS）控制电动冷却液泵（如果尚未实施）和冷却液制冷器上的冷却液控制阀。阀门接通，制冷剂因此流入冷却液制冷器。

3. 加热运行

如果将车辆停放在0℃以下的户外很多天，应在行驶前和/或充电前使动力电池加热至最佳温度水平。之后从开始行驶时动力电池就会提供其最大功率。通过充电电缆将车辆与电网连接并选择了车辆温度调节功能时，便可进行加热。根据客户所选设置立即或根据温度自动确定加热功能并在预设的行驶时间前启动加热功能，如图3-2-9所示，电动冷却液泵输送冷却液流过加热器进行加热，然后再通过旁通阀接通，冷却液进行小循环。

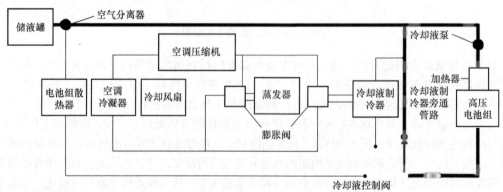

图 3-2-9　外置加热器加热控制

宝马新能源汽车加热装置如图 3-2-10 所示，可利用电流的热效应对动力电池进行加热。该加热装置的控制装置位于动力电池组内部。车外温度或电池温度及所连充电电缆温度极低时，会根据需要自动启用加热装置从而对电池进行加热。通过这种方式可以明显改善在极低温度下受到限制的功率输出并提高续航里程。

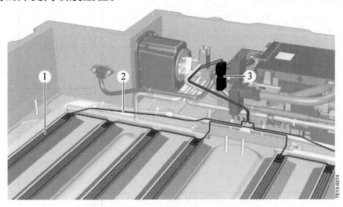

图 3-2-10　内置加热丝加热控制

1—加热丝线圈　2—接口　3—加热装置插头

对电池进行加热时会启用高压系统并使电流经过加热丝。加热丝沿冷却通道布置。由于冷却通道与电池模组接触，加热线圈内产生的热量会传至电池模组。由于通过高压系统为加热装置供电，用橙色标记相应导线。

加热运行状态的特点如下：

1）电池管理器要求电池管理系统（BMS）提供加热装置运行所需电功率。

2）BMS 授权后，电池管理器启用加热装置。

3）电动制冷剂压缩机不运行。

4）动力电池组上的膨胀阀关闭。

根据电池温度控制加热功率。电池达到最佳运行温度后，就会重新关闭加热装置。

四、任务实施

（一）任务准备

安全防护：做好车辆安全防护与隔离（车内外三件套、车轮挡块、警示隔离带等）。

工具设备：数字万用表、兆欧表、绝缘防护用品、绝缘工具套装、常规工具套装、动力电池拆装举升台。

台架车辆：普锐斯分控联动台架（行云新能 INW – HEV – PRIUS – FL）和丰田普锐斯整车。

辅助资料：汽车维修手册、教材。

（二）实施步骤

1. 认识丰田普锐斯热管理系统的组成

普锐斯动力电池冷却鼓风机总成的转速由动力管理控制 ECU 控制，如图 3-2-11 所示。动力管理控制 ECU 端子 FCTL 打开动力电池鼓风机继电器时，向动力电池冷却鼓风机总成供电。动力管理控制 ECU 将指令信号（SI）发送至动力电池冷却鼓风机总成，以获得与动力电池温度相应的风扇转速。用串行通信通过电池管理器，将关于施加到动力电池冷却鼓风机总成（VM）电压的信息作为监控信号发送至动力管理控制 ECU。

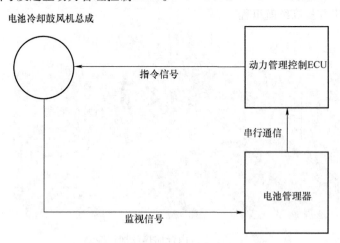

图 3-2-11 普锐斯动力电池冷却鼓风机总成的转速控制

动力管理控制 ECU 接口定义如图 3-2-12 和表 3-2-1 所示。

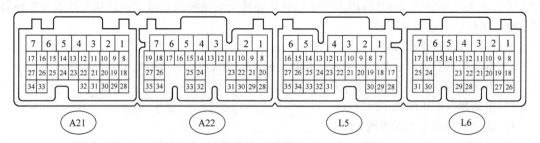

图 3-2-12 普锐斯动力管理控制 ECU 接口定义

表 3-2-1 普锐斯动力管理控制 ECU 接口定义

端子编号（符号）	配线颜色	端子描述	条件	规定状态
A21 – 2（+ B2）– L5 – 6（E1）	L – B	电源	电源开关 ON（IG）	11 ~ 14V
A21 – 4（FCTL）– L5 – 5（E01）	BR – W – B	冷却风扇继电器信号	电源开关 ON（IG）	< 2V
A21 – 11（VLO）– L5 – 6（E1）	R – BR	DC/DC 操作监视/电压变化信号	电源开关 ON（IG）	产生脉冲（波形 1）
A21 – 13（IWP）– L5 – 6（E1）	G – BR	逆变器水泵总成信号	电源开关 ON（READY）	产生脉冲（波形 2）
A21 – 14（NIWP）– L5 – 6（E1）	P – BR	逆变器水泵总成信号	电源开关 ON（READY）	产生脉冲（波形 2）
A21 – 15（BL）– L5 – 6（E1）	R – BR	倒车灯	电源开关 ON（IG），变速置于 R	11 ~ 14V

（续）

端子编号（符号）	配线颜色	端子描述	条件	规定状态
A21-16（GI）-L5-6（E1）	Y-BR	凸轮轴位置传感器信号	发动机运转时电源开关ON（READY）	产生脉冲（波形3）
A21-19（CLK）-L5-6（E1）	G-BR	空调通信信号	电源开关ON（READY），空调系统停止	产生脉冲（波形4）
A21-20（STB）-L5-6（E1）	W-BR	空调通信信号	电源开关ON（READY），空调系统停止	产生脉冲（波形4）
A21-21（NODD）-L5-6（E1）	W-BR	DC/DC操作	转换器正常工作	5~7V
A21-21（NODD）-L5-6（E1）	W-BR	DC/DC操作	转换器未正常工作	2~4V
A21-21（NODD）-L5-6（E1）	W-BR	DC/DC操作	禁止转换器工作	0.1~0.5V
A21-24（MMT）-A21-25（MMTG）	L-BR	电动机温度传感器	电源开关ON（IG），温度为25℃	3.6~4.6V
A21-24（MMT）-A21-25（MMTG）	L-BR	电动机温度传感器	电源开关ON（IG），温度为60℃	2.2~3.2V
A21-26（GMT）-A21-27（GMTG）	B-R	发电机温度传感器	电源开关ON（IG），温度为25℃	3.6~4.6V
A21-26（GMT）-A21-27（GMTG）	B-R	发电机温度传感器	电源开关ON（IG），温度为60℃	2.2~3.2V
A21-29（SIO）-L5-6（E1）	Y-BR	HV蓄电池鼓风机风扇	电源开关ON（IG），主动测试过程中	产生脉冲（波形5）
A21-30（ETI）-L5-6（E1）	R-BR	空调通信信号	电源开关ON（READY），空调系统停止	产生脉冲（波形4）
A21-31（ITE）-L5-6（E1）	Y-BR	空调通信信号	电源开关ON（READY），空调系统停止	产生脉冲（波形4）
A21-32（ILK）-L5-6（E1）	V-BR	互锁开关	电源开关ON（IG），逆变器盖、高压输入电缆和维修塞把手已正确安装	0~1.5V
A21-32（ILK）-L5-6（E1）	V-BR	互锁开关	电源开关ON（IG），逆变器盖、高压输入电缆或维修塞把手未安装	11~14V
A22-1（IG2）-L5-6（E1）	R-BR	电源	电源开关ON（IG）	11~14V
A22-2（IG2D）-L5-6（E1）	V-BR	IG2继电器	电源开关ON（IG）	11~14V
A22-5（+B1）-L5-6（E1）	L-BR	电源	电源开关ON（IG）	11~14V
A22-6（MREL）-L5-6（E1）	BE-BR	主继电器	电源开关ON（IG）	11~14V
A22-7（ST1-）-L5-6（E1）	R-BR	制动取消开关	电源开关ON（IG）、踩下制动踏板	0~1.5V

（续）

端子编号（符号）	配线颜色	端子描述	条件	规定状态
A22 - 7（ST1 - ）- L5 - 6（E1）	R - BR	制动取消开关	电源开关 ON（IG）、松开制动踏板	11 ~ 14V
A22 - 18（VCP1）- A22 - 34（EP1）	Y - B	加速踏板位置传感器电源（VPA1）	电源开关 ON（IG）	4.5 ~ 5.5V
A22 - 19（VCP2）- A22 - 35（EP2）	G - R	加速踏板位置传感器电源（VAP2）	电源开关 ON（IG）	4.5 ~ 5.5V
A22 - 20（CLK - ）- L5 - 6（E1）	W - BR	MG 通信时钟信号	电源开关 ON（IG）	产生脉冲（波形6）
A22 - 21（CLK + ）- L5 - 6（E1）	B - BR	MG 通信时钟信号	电源开关 ON（IG）	产生脉冲（波形6）
A22 - 22（PCON）- L5 - 6（E1）	LG - BR	P 位置开关信号	电源开关 ON（IG）、选择驻车档（P）	产生脉冲（波形7）
A22 - 23（STP）- L5 - 6（E1）	L - BR	制动灯开关	踩下制动踏板	11 ~ 14V
A22 - 23（STP）- L5 - 6（E1）	L - BR	制动灯开关	松开制动踏板	0 ~ 1.5V
A22 - 24（HTM + ）- L5 - 6（E1）	B - BR	制动力管理控制ECU 至 MG ECU 的通信信号	电源开关 ON（IG）	产生脉冲（波形8）
A22 - 25（HTM - ）- L5 - 6（E1）	W - BR	制动力管理控制ECU 至 MG ECU 的通信信号	电源开关 ON（IG）	产生脉冲（波形8）
A22 - 26（VPA1）- A22 - 34（EP1）	L - B	加速踏板位置传感器（加速踏板位置检测）	电源开关 ON（IG），松开加速踏板	0.4 ~ 1.4V
A22 - 26（VPA1）- A22 - 34（EP1）	L - B	加速踏板位置传感器（加速踏板位置检测）	电源开关 ON（IG）、发动机停止，选择驻车档（P），完全踩下加速踏板	2.6 ~ 4.5V
A22 - 27（VPA2）- A22 - 35（EP2）	W - R	加速踏板位置传感器（加速踏板位置检测）	电源开关 ON（IG），松开加速踏板	1.0 ~ 2.2V
A22 - 27（VPA2）- A22 - 35（EP2）	W - R	加速踏板位置传感器（加速踏板位置检测）	电源开关 ON（IG）、发动机停止，选择驻车档（P），完全踩下加速踏板	3.4 ~ 5.3V
A22 - 28（PPOS）- L5 - 6（E1）	W - BR	P 位置开关信号	电源开关 ON（IG）、选择驻车档（P）	产生脉冲（波形7）
A22 - 29（MTH - ）- L5 - 6（E1）	W - BR	自 MG ECU 至动力管理控制 ECU 的通信信号	电源开关 ON（IG）	产生脉冲（波形9）

（续）

端子编号（符号）	配线颜色	端子描述	条件	规定状态
A22 – 30（MTH +）– L5 – 6（E1）	B – BR	自 MG ECU 至动力管理控制 ECU 的通信信号	电源开关 ON（IG）	产生脉冲（波形9）
A22 – 31（HSDN）L5 – 6（E1）	B – BR	MG ECU 切断信号	电源开关 ON（READY）	0 ~ 1.5V
A22 – 32（REQ –）L5 – 6（E1）	W – BR	MG ECU 通信请求信号	电源开关 ON（IG）	产生脉冲（波形10）
A22 – 33（REQ +）– L5 – 6（E1）	B – BR	MG ECU 通信请求信号	电源开关 ON（IG）	产生脉冲（波形10）
L5 – 1（AM22）– L5 – 6（E1）	W – BR	稳压电源	电源开关 ON（IG）	11 ~ 14V
L5 – 1（AM22）– L5 – 6（E1）	W – BR	稳压电源	电源开关 ON（READY）	11 ~ 15.5V
L5 – 2（SMRG）– L5 – 5（E01）	Y – W – B	系统主继电器	电源开关 ON（IG）→电源开关 ON（READY）	产生脉冲（波形11）
L5 – 3（SMRP）– L5 – 5（E01）	W – W – B	系统主继电器	电源开关 ON（IG）→电源开关 ON（READY）	产生脉冲（波形11）
L5 – 4（SMRB）– L5 – 5（E01）	SB – W – B	系统主继电器	电源开关 ON（IG）→电源开关 ON（READY）	产生脉冲（波形11）
L5 – 7（SSW1）– L5 – 6（E1）	B – BR	电源开关	按住电源开关	0 ~ 1.5V
L5 – 11（TC）– L5 – 6（E1）	P – BR	诊断端子	电源开关 ON（IG）	11 ~ 14V
L5 – 13（EVSW）- L5 – 6（E1）	B – BR	EV 行驶模式开关信号	电源开关 ON（IG）、EV 行驶模式开关（集成控制和面板分总成）关闭	11 ~ 14V
L5 – 13（EVSW）- L5 – 6（E1）	B – BR	EV 行驶模式开关信号	电源开关 ON（IG）、EV 行驶模式开关（集成控制和面板分总成）关闭	0 ~ 1.5V
L5 – 14（SPDI）- L5 – 6（E1）	V – BR	车速信号	大约20km/h	产生脉冲（波形12）
L5 – 16（P1）– L5 – 6（E1）	Y – BR	P 位置开关信号	电源开关 ON（IG），P 位置开关关闭	7 ~ 12V
L5 – 16（P1）– L5 – 6（E1）	Y – BR	P 位置开关信号	电源开关 ON（IG），P 位置开关打开	3 ~ 5V
L5 – 17（VCX4）– L5 – 6（E1）	P – BR	变速杆位置传感器电源（VCX4）	电源开关 ON（IG）	11 ~ 14V
L5 – 18（VSX4）– L5 – 6（E1）	LG – BR	变速杆位置传感器（副）	电源开关 ON（IG）、变速置于原始位置	1.0 ~ 1.6V
L5 – 18（VSX4）– L5 – 6（E1）	LG – BR	变速杆位置传感器（副）	电源开关 ON（IG）、变速置于 R、N 或 D 位置	2.9 ~ 4.3V
L5 – 19（VCX3）– L5 – 6（E1）	W – BR	变速杆位置传感器电源（VCX3）	电源开关 ON（IG）	11 ~ 14V

（续）

端子编号（符号）	配线颜色	端子描述	条件	规定状态
L5 - 20（VSX3）- L5 - 6（E1）	BR - BR	变速杆位置传感器（主）	电源开关 ON（IG），变速置于原始位置	1.0 ~ 1.6V
L5 - 20（VSX3）- L5 - 6（E1）	BR - BR	变速杆位置传感器（主）	电源开关 ON（IG），变速置于 R、N 或 D 位置	2.9 ~ 4.3V
L5 - 21（VCX2）- L5 - 23（E2X2）	G - Y	变速杆位置传感器电源（VCX2）	电源开关 ON（IG）	4.5 ~ 5.5V
L5 - 22（VSX2）- L5 - 23（E2X2）	L - Y	变速杆位置传感器（副）	电源开关 ON（IG），变速置于原始位置	2.0 ~ 3.0V
L5 - 22（VSX2）- L5 - 23（E2X2）	L - Y	变速杆位置传感器（副）	电源开关 ON（IG），变速置于 R	0.3 ~ 1.8V
L5 - 22（VSX2）- L5 - 23（E2X2）	L - Y	变速杆位置传感器（副）	电源开关 ON（IG），变速置于 B 或 D 位置	3.2 ~ 4.8V
L5 - 25（VSX1）- L5 - 24（E2X1）	B - R	变速杆位置传感器（主）	电源开关 ON（IG），变速置于原始位置	2.0 ~ 3.0V
L5 - 25（VSX1）- L5 - 24（E2X1）	B - R	变速杆位置传感器（主）	电源开关 ON（IG），变速置于 R	0.3 ~ 1.8V
L5 - 25（VSX1）- L5 - 24（E2X1）	B - R	变速杆位置传感器（主）	电源开关 ON（IG），变速置于 B 或 D 位置	3.2 ~ 4.8V
L5 - 25（VCX1）- L5 - 24（E2X1）	W - R	变速杆位置传感器电源（VCX1）	电源开关 ON（IG）	4.5 ~ 5.5V
L5 - 28（THB）- L5 - 30（ETHB）	L - V	辅助蓄电池温度	电源开关 ON（IG）、辅助蓄电池温度为 25℃	1.7 ~ 2.3V
L5 - 28（THB）- L5 - 30（ETHB）	L - V	辅助蓄电池温度	电源开关 ON（IG），辅助蓄电池温度为 60℃	0.6 ~ 0.9V
L5 - 29（ABFS）- L5 - 6（E1）	B - BR	空气囊激活信号	电源开关 ON（READY）（电源开关 ON（ACC）后 2s）	产生脉冲（波形 13）
L5 - 32（BTH +）- L5 - 6（E1）	R - BR	自蓄电池智能单元至动力管理控制 ECU 的通信信号	电源开关 ON（IG）	产生脉冲（波形 14）
L5 - 33（BTH -）- L5 - 6（E1）	G - BR	自蓄电池智能单元至动力管理控制 ECU 的通信信号	电源开关 ON（IG）	产生脉冲（波形 14）
L5 - 34（CA2H）- L5 - 6（E1）	P - BR	CAN 通信系统	电源开关 ON（IG）	产生脉冲（波形 15）
L5 - 35（CA2L）- L5 - 6（E1）	V - BR	CAN 通信系统	电源开关 ON（IG）	产生脉冲（波形 15）

（续）

端子编号（符号）	配线颜色	端子描述	条件	规定状态
L6 – 1（ACCD）– L5 – 6（E1）	G – BR	ACC 继电器	电源开关 ON（ACC）	11～14V
L6 – 2（IG1D）– L5 – 6（E1）	B – BR	IG1 继电器	电源开关 ON（IG）	11～14V
L6 – 7（AM21）– L5 – 6（E1）	W – BR	稳压电源	电源开关 ON（IG）	11～14V
L6 – 7（AM21）– L5 – 6（E1）	W – BR	稳压电源	电源开关 ON（READY）	11～15.5V
L6 – 11（LIN2）– L5 – 6（E1）	L – BR	LIN 通信系统	电源开关 ON（IG）、踩下制动踏板	产生脉冲
L6 – 17（SSW2）– L5 – 6（E1）	Y – BR	电源开关	按住电源开关	0～1.5V
L6 – 24（CA1L）– L5 – 6（E1）	W – BR	CAN 通信系统	电源开关 ON（IG）	产生脉冲（波形16）
L6 – 25（CA1H）– L5 – 6（E1）	B – BR	CAN 通信系统	电源开关 ON（IG）	产生脉冲（波形16）
L6 – 30（CA3N）– L5 – 6（E1）	L – BR	CAN 通信系统	电源开关 ON（IG）	产生脉冲（波形17）
L6 – 31（CA3P）– L5 – 6（E1）	LG – BR	CAN 通信系统	电源开关 ON（IG）	产生脉冲（波形17）

2. 丰田普锐斯动力电池冷却鼓风机总成的检测与更换

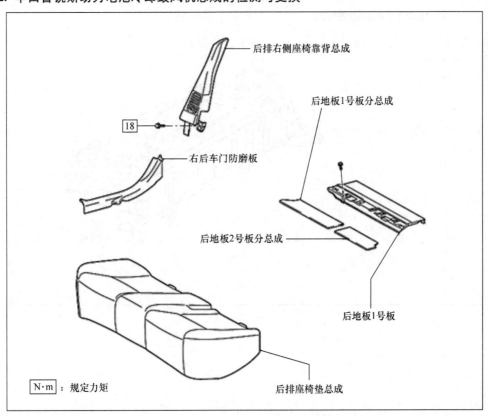

后排右侧座椅靠背总成

后地板1号板分总成

18

右后车门防磨板

后地板2号板分总成

后地板1号板

N·m：规定力矩

后排座椅垫总成

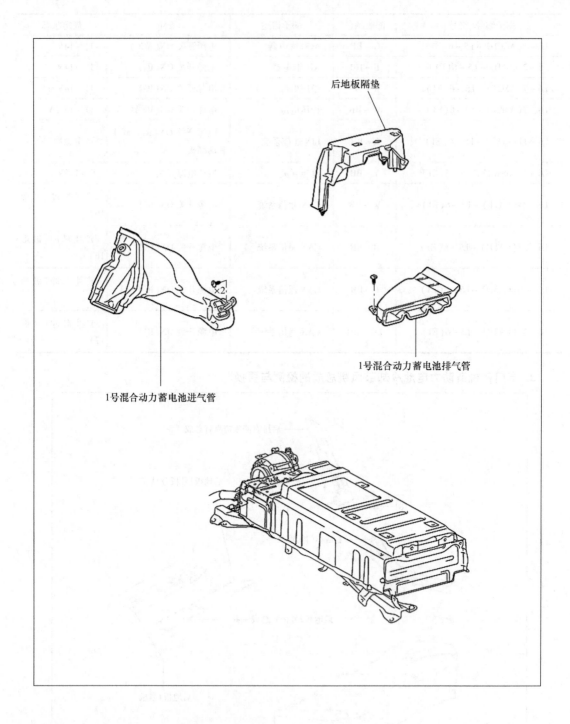

后地板隔垫

1号混合动力蓄电池排气管

1号混合动力蓄电池进气管

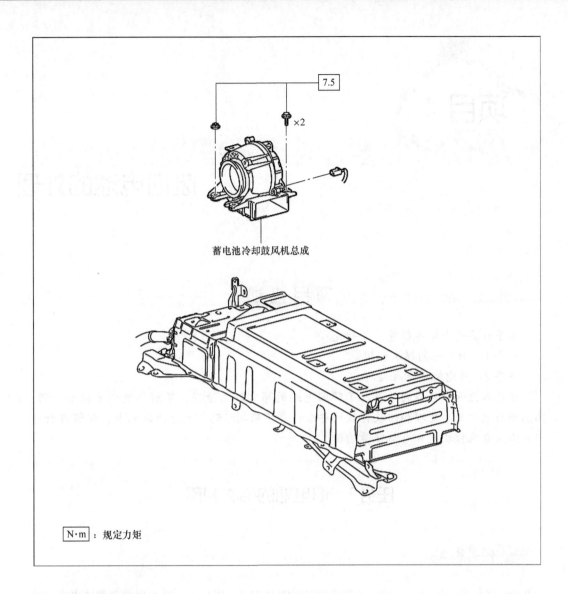

蓄电池冷却鼓风机总成

N·m：规定力矩

五、学习检查

任务	1. 在丰田普锐斯整车上进行冷却风扇鼓风机总成更换。 2. 根据针脚定义，在普锐斯分控联动台架（行云新能 INW – HEV – PRIUS – FL）上进行普锐斯动力管理控制 ECU 的每个针脚信号的检测确认。
笔记	

项目4

废旧电池的处理

项目描述

本项目共两个学习任务，分别是：

任务1：旧电池的梯次利用。

任务2：废电池的回收处理。

通过以上两个任务的学习，了解旧电池的梯次利用途径；了解储能电池技术应用；熟悉动力电池废弃处理和回收存放的要求；会正确判断动力电池组的漏电；能够进行动力电池组电池模块充放电与容量均衡。

任务1　旧电池的梯次利用

一、任务引入

电池组在使用5年后，可用容量和续驶时间明显缩短，用户和经销商通常会整体更换。殊不知，并不是一个电池组内的所有电池都需要更换，只是其中的一块或几块电池容量严重衰减影响了整个电池组，如果有多个这样的电池组，通过检测剔除严重衰减的电池，其他电池通过分容和内阻检测，完全可以重新梯次利用。动力电池的梯次利用明显延长了电池的使用效率和生命周期，减少电池所带来的环境污染，被誉为是目前和今后的重点发展对象。

二、任务要求

知识要求：

1）了解旧电池的梯次利用途径。

2）熟悉动力电池的均衡技术。

3）了解储能电池技术应用。

技能要求：

1）会正确判断动力电池组的漏电。

2）能够进行动力电池组电池模块充放电与容量均衡作业。

职业素养要求：

1）严格执行汽车检修规范，养成严谨科学的工作态度。

2）尊重他人劳动，不窃取他人成果。

3）养成总结训练过程和结果的习惯，为下次训练总结经验。

4）养成团结协作精神。

5）严格执行5S现场管理。

三、相关知识

（一）旧电池的梯次利用

新能源汽车的动力电池性能会随着使用次数的增加而衰减，当性能下降到初始性能80%时，将意味着在新能源汽车上的使用寿命终止。随着中国新能源汽车数量的增加，不能达到新能源汽车使用标准的动力电池组将会大量淘汰下来。据权威数据统计，2015年新能源汽车产量达340471辆，销量331092辆，同比分别增长3.3倍和3.4倍。可以预见未来这些从新能源汽车上淘汰下来的动力电池，如果不能有效地得到处理，将会影响到我国新能源汽车产业的发展，引起资源和环境之间的矛盾。动力电池能否有效回收利用将直接影响新能源汽车产业的可持续发展和国家节能减排战略的实施。

梯次电池是指已经使用过并且达到原生设计寿命，通过其他方法使其容量全部或部分恢复继续使用的蓄电池。一般使用5年后的电池，它的有效容量在80%左右。电池的自然衰减进入平稳期，完全可以按照小容量电池使用，通过一定数量电池的并联使用，可利用容量获得数倍的提高，完全满足储能和动力需要，这一点与电动汽车为了增加续驶里程，采用大量并联电池增加电池容量的道理是相同的。

电池组在使用5年后，可用容量和续驶时间明显缩短，用户和经销商通常会整体更换，殊不知，并不是一个电池组内的所有电池都需要更换，只是其中的一块或几块电池容量严重衰减影响了整个电池组，如果有多个这样的电池组，通过检测剔除严重衰减的电池，其他电池通过分容和内阻检测，完全可以重新梯次利用。动力电池的梯次利用明显延长了电池的使用效率和生命周期，减少电池所带来的环境污染，被誉为是目前和今后的重点发展对象。

动力电池再利用是动力电池产业链形成闭环的关键环节，在环境保护、资源回收和提高动力电池全寿命周期价值等方面都具有重要价值。退役后的动力电池经过测试、筛选、重组等环节，仍然有能力用于低速电动车、备用电源、电力储能等运行工况相对良好、对电池性能要求较低的领域。

随着新能源汽车推广应用力度的不断加大，每年将产生大量退役电池，动力电池梯次利用的概念应运而生并受到广泛关注。国家在《节能与新能源汽车产业发展规划（2011—2020）》就

明确提出了要制定动力电池回收利用管理办法，建立动力电池梯级利用和回收管理体系。相关企业和研究机构对动力电池梯次利用的重要性和预期的经济效益已有明确的认识，然而动力电池的梯次利用仍处于初步阶段，未有成熟的技术或产品出现。

梯次电池利用能提高电池的利用率，延长电池的生命周期，无论是节能方面还是环保方面意义重大，但是梯次电池利用必须注意一些事项。

1. 可梯次利用的电池种类

尽可能采用基本单元电池（cell），如 2V 单体铅酸蓄电池，各种锂离子电池，包括磷酸铁锂电池、钛酸锂电池、三元锂电池、钴酸锂电池、锰酸锂电池等。以多个单元串联后封装一体的电池，如 6V 铅酸蓄电池（3 个 2V 单元）和 12V 铅酸蓄电池（6 个 2V 单元），不太适合梯次利用，主要是因为这些电池的内部为多串电池，自身就存在不均衡的问题，无法通过外部解决。

2. 遵循同类型电池成组原则

必须遵循同类型电池成组原则。成组电池必须是相同类型的电池，即电池的工作电压区间必须相同。工作电压区间不同的电池不能出现在同一电池组中，即使容量相同也不能混用。

3. 成组电池组装

有条件的情况下，成组电池组装前要进行容量、电压和内阻测量，尽可能选择容量和内阻接近的电池，减少复用期间一致性差异的扩大。由于梯次电池的容量普遍低于标称容量，为获得足够的容量，需要使用数量更多的电池通过合适的串并联来达到设计容量，因此需要根据技术条件来装配。

装配方式一：先并后串，如电动汽车用电池组采用此方式。

装配方式二：先串后并，常用于数据中心或机房。

两种装配方式各有优缺点，适合不同环境：

先并后串的缺点是单元电池连接线和母线的选择非常重要，否则会造成电池充放电的差异，个别电池漏电流（或故障）会影响一个并联单元，对容量的影响比较大，直接影响续驶时间（里程）。优点是易于管理，如果增加电池均衡器只需要一组（套）即可。

先串后并的优点是连接方便、检修方便，能够快速检测和处理故障电池。易于维护，每一串中的单元电池容量均可以不同，电池利用率高，容量（功率）可以任意扩充，增加后备时间，提高可靠性，特别适合数据中心。缺点是如果增加电池均衡器需要多组（套）。

4. 不可梯次利用的电池

下列电池不能复用：一是漏电流大（或自放电率高）的电池；二是外观发生形变，如外壳膨胀的电池；三是发生漏液的电池。

（二）储能电池技术

退役动力电池梯次利用的主要流程通常包括以下步骤：①退役的动力电池回收；②对动力电池组进行拆解，获得电池单体；③根据电池的特性，筛选出可使用的电池单体；④根据需求对电池单体进行配对然后重组成电池组；⑤后期的系统集成与运行维护等。退役下来的动力电池虽然容量和以前相比有所下降，但是仍然具备利用价值。比如用作储存可再生能源电力的备用电池，对电网供电的巨大峰谷差起到一定的稳定作用，消除电力供需波动等。将退役动力电池进行储能再利用将会使得新能源汽车制造厂商的成本有所下降。从相关资料来看，国内的部分动力电池梯次利用项目见表 4-1-1。

表 4-1-1 国内的部分动力电池梯次利用项目

项目名称	内容	参与单位
北京市大兴电动出租车充电站"梯次利用电池储能系统示范工程"	25kW/100kW·h。调节变压器功率输出，稳定节点电压水平，离网运行	中国电科院、国网北京市电力公司、北京交通大学
唐山曹妃甸"梯次利用电池储能系统示范工程"	25kW/100kW·h。调节变压器功率输出，稳定节点电压水平，离网运行	国网冀北电力有限公司唐山供电公司、北京交通大学
"废旧新能源汽车拆解及回收再利用"项目	引进动力电池再利用生产线，将动力电池用于储能、供电基站、路灯、电动工具及低速电动车、风能/太阳能发电储能等领域	深圳市比克电池有限公司
"动力电池电动自行车梯次利用技术方案"	对电动汽车报废电池的电池单体进行重组，改造成用于48V电动自行车的动力电源，实现节能减排	国网浙江省电力公司
郑州市尖山真型输电线路试验基地"退役电池储能示范工程"	由多晶硅光伏发电系统、风力发电系统、退役电池储能双向变流器以及退役电池储能系统组成的风光储混合微电网工程	国网河南省电力公司、南瑞集团等
北汽新能源汽车产业基地"汽车动力电池系统梯次利用及回收示范线"	利用退役动力电池在电动场地车、电动叉车和电力变电站直流系统上进行改装示范	国网北京市电力公司、北京工业大学和北京普莱德新能源电池科技有限公司

从表中可以看到，动力电池梯次回收主要集中在储能方面。储能系统的作用体现在可保障大型太阳能、风能等新能源发电大量接入与充分利用，同时又提高了输配电设备的利用率，提高电网安全裕度；另外相关的技术突破和产业化还将带动采矿、电池制造、电力电子设备等产业的进一步发展。

1. 储能电池的应用前景

储能电池具有悠久的历史，目前已经发展出包括铅酸蓄电池、镍系电池、锂系电池以及液流电池、钠硫电池等类型。成熟的电化学储能技术如铅酸、镍系、锂系已经大量应用。

铅酸蓄电池在高温下寿命缩短，与镍镉电池类似，具有较低的比能量和比功率；但价格便宜，制造成本低，可靠性好，技术成熟，已广泛应用于电力系统，如变电站备用电源等，目前储能容量已达20MW。铅酸蓄电池在电力系统正常运行时为断路器提供合闸电源，在发电厂、变电所供电中断时发挥独立电源的作用，为继保装置、拖动电动机、通信、事故照明提供动力。然而，其循环寿命较短，且在制造过程中存在一定的环境污染。镍镉电池效率高、循环寿命长，但随着充放电次数的增加容量将会减少，电荷保持能力仍有待提高，且因存在重金属污染已被欧盟限用。

锂离子电池比能量/比功率高、自放电小、环境友好，但由于工艺和环境温度差异等因素的影响，系统指标往往达不到单体水平，使用寿命较单体缩短数倍甚至十几倍。大容量集成的技术难度和生产维护成本使得这些电池在相当长的时间内很难在电力系统中规模化应用。

2. 电池储能系统的结构

根据电池储能系统的规模和层次结构，电池储能系统主要包括储能单元、储能支路和储能回路这三个方面，如图4-1-1所示。储能单元是电池储能系统的基本组成部分，由一台储能变流器（PCS）、电池堆（BP）和电池管理系统（BMS）构成；储能支路由 1 个低压开关柜和 1 个储能单元构成；储能回路由 1 个升压变单元、多条并联储能支路和储能回路监控系统构成，其中储能支路是储能回路的最小组成单元，可以独立形成一个储能系统。

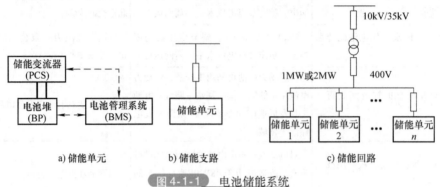

a) 储能单元　　　　b) 储能支路　　　　c) 储能回路

图 4-1-1　电池储能系统

（1）电池堆

电池堆作为实现电能存储和释放的载体，它的集成过程为多只单体（Cell）并联形成单元电池（Unit）；多个单元电池串联构成电池模块（Block）；多个电池模块（Block）串联构成电池串（BS）；多个电池串并联组成电池堆。大容量储能电站需要成千上万支电池单体。退役下来的动力电池则可以根据应用场合和作用，在电池储能系统的容量配置和选型上起到作用。由 10 节 ATL200A·h 磷酸铁锂电池单体串联构成一个 32V 标准电池模组，由 20 个标准电池模组串联组成一个 640V 电池组，一个电池组共有 200 节 ATL200A 磷酸铁锂电池单体（图 4-1-2），3 个电池组共 600 只电池并联后构成 1 个 640V、200A·h 电池堆（功率 96kW，总容量为 384kW·h）。电池对接入双向换流器直流侧，双向换流器交流侧接入 640V 低压母线构成一个储能单元，10 个储能单元并联接在低压母线上，实现储能电站总容量为 4000kW·h。储能电站通过 10kV 变压器与电网连接。

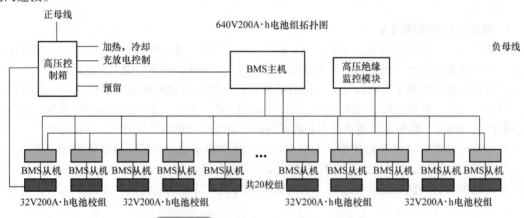

图 4-1-2　640V 200A·h 电池组拓扑图

（2）电池管理系统

储能电池管理系统与动力电池管理系统非常类似。但动力电池系统处于高速运动的电动汽车上，对电池的功率响应速度和功率特性、SOC 估算精度、状态参数计算数量，都有更高的要求。储能电池管理系统用于保证电池的安全可控运行、电池单体的均衡、电池模组内的热管理、电池状态的估算和参与充放电控制。电池管理系统由主机、从机和高压监控模块组成。

在储能系统中，储能电池在高压上只与储能变流器发生交互，变流器从交流电网取电，给电池组充电；或者电池组给变流器供电，电能通过变流器转换成交流发送到交流电网上。电池管理系统主要与变流器和储能电站调度系统有信息交互关系。一方面，电池管理系统给变流器发送重要状态信息，确定高压电力交互情况；另一方面，电池管理系统给储能电站的调度系统（PCS）发送最全面的监测信息。

由于电池数目庞大，电池管理系统采用主从式结构，如图4-1-3所示。最底层的BMS从机模块控制一个电池模组内的均衡、采集电池单体的温度、电压等参数。最上层的电池管理主机BCU负责估算电池组的状态（SOC），与中央控制系统交换信息，负责过电压、欠电压、温度、漏电报警及保护功能，以及过流报警功能，负责打开和关闭热管理装置和保护装置。高压模块的作用是监控电池组内的充放电电流，正负母线的绝缘状态，并在绝缘状态降低时发出报警。

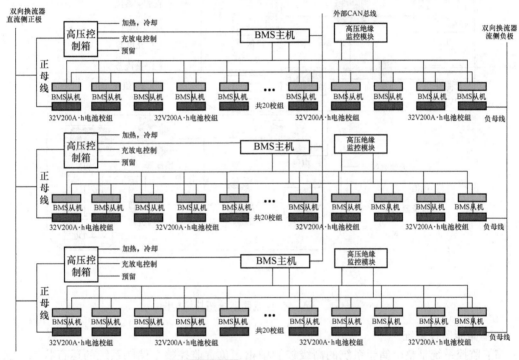

图4-1-3　BMS连接示意图

（3）换流器

双向换流器主要集成了换流和稳压、并网控制、功率调节、保护四大功能。

1）换流和稳压。双向换流器的主要功能是进行整流和逆变。在逆变过程中，由于电池放电将造成电池端电压下降，通过控制换流器IGBT的导通时间，补偿电压，以保证交流输出端的电压稳定。

2）并网控制。在放电状态下，双向换流器的DSP（数字信号处理）进行蓄电池的并网控制过程如下：首先，DSP控制直流侧开关，由DSP采样交流电压的相位和幅值，把逆变器的输出电压调至与电网侧电压同幅、同相、同频，完成后控制交流侧开关，实现并网。

3）功率调节。DSP采样直流侧电压、电流和交流侧电压、电流，形成反馈信号，确定交流输出的电流或充电电流大小，可按给定功率进行调节。DSP还可控制交流输出电流、电压间的相角，实现功率因数在 ［-1，1］区间连续可调。

4）保护。换流器具有以下保护功能：①交、直流过电压、欠电压保护；②过频、欠频保护；③相序检测与保护；④防孤岛保护（检测电网断电时，停止换流器运行）；⑤过热保护；⑥过载、短路保护。其中通过 DSP 软件和硬件共同实现过热保护，通过 DSP 软件、断路器和熔断器共同实现过电流保护。

为了实现对电池串的独立充放电控制，同时避免电池串之间产生环流，换流器采用交流侧系统和直流侧系统 2 种结构设计。交流侧系统是交/直流侧可控的四象限运行的变流装置，实现对电能的交直流双向转换；直流侧系统位于电池堆和换流器之间，满足储能系统接入电网的直流电压要求等。其拓扑结构如图 4-1-4 所示。

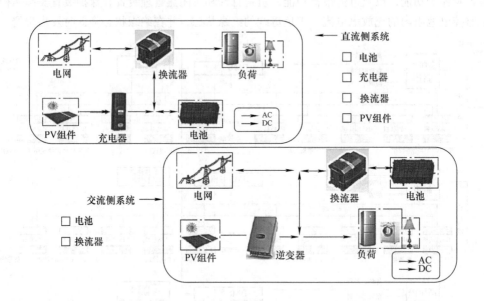

图 4-1-4 交/直流侧系统拓扑结构图

（4）储能监控系统

储能监控系统是整个储能系统的高级控制中枢，负责监控整个储能系统的运行状态，保证储能系统处于最优的工作状态。储能监控是连接电网调度和储能系统的桥梁，起到上传下达的作用：一方面接收电网调度指令，另一方面把电网调度指令分配至各个储能支路，同时监控整个储能系统的运行状态，分析运行数据，确保储能系统处于良好的工作状态。

储能监控系统的主要功能有 SCADA（数据采集与监视控制系统）功能、诊断预警功能、全景分析功能、优化调度决策功能和有功无功控制功能。监控系统通过对电池、变流器及其他配套辅助设备等进行全面监控，实时采集有关设备运行状态及工作参数并上传至上级调度层，同时结合调度指令和电池运行状态，进行功率分配，实现储能系统优化运行。

就地监测系统含就地监测单元、电池管理系统、变流装置就地控制器等，监控多条回路的运行状态信息（PCS、电池堆、并网开关、升压变等），并上传至储能电站监控系统；储能电站监控系统由前置管理机、实时/历史服务器、研究数据库服务器、运行人员工作站、工程师工作站组成，通过网络与就地监测单元通信网关通信和交换信息，与远方有电网调度/监控自动化系统进行数据和信息交换，接受调度指令并优化进行功率分配。

(三) 旧电池的充放电技术

1. 常充放电管理要求

目前新能源汽车主流使用的是镍氢蓄电池和锂离子电池，使用镍氢蓄电池的油电混合汽车是无法通过充电接口充电的，如第三代丰田普锐斯，每 2～3 个月可以进行自充电，其自充电过程如下：

1）连接辅助电池的负极。

2）在没有施加电气负荷的情况下使得电源处于 IG ON 状态并保持 3min。注意：此操作的目的在于使 ECU 检测到正确的 SOC。

3）进入 READY – ON 状态。在发动机起动后，使其在 P 位空转直到发动机停机（自充电已经结束）。

也可以使用 THS 充电器向 HV 电池充电，如图 4-1-5 所示。

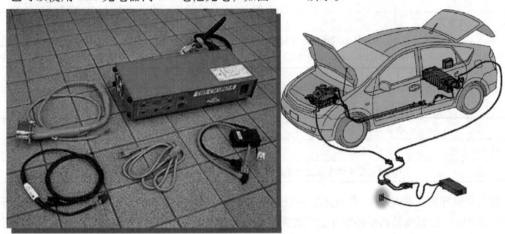

图 4-1-5　THS 充电器

而插电式混合动力汽车和纯电动汽车使用的锂离子电池，是可以通过充电接口进行补充充电的，具体充电技术在《新能源汽车电气技术》课程中涉及，此处不再赘述。本节重点介绍一下日常充放电管理要求。

（1）充电条件

1）车载充电机（慢充）充电条件包括：

① BMS 常电供电正常（12V 正、负极）。

② ON 信号正常。

③ 充电唤醒信号正常。

④ CAN 线通信正常（新能源 CAN 线）。

⑤ 高压电缆连接正常。

⑥ 高压电缆及电气设备绝缘性能 > 20MΩ。

⑦ 动力电池温度高于 0 ℃。

⑧ 动力电池内部无故障。

2）非车载充电机（快充）充电条件：

① BMS 常电供电正常（12V 正、负极）。

② ON 信号正常。

③ 充电唤醒信号正常。

④ CAN 线通信正常（新能源 CAN 线）。

⑤ 高压电缆连接正常。

⑥ 高压电缆及电气设备绝缘性能 > 20MΩ。

⑦ 动力电池温度高于 5 ℃。

⑧ 动力电池软件版本与充电桩软件版本匹配。

⑨ 动力电池与充电桩通信不超时。

⑩ 动力电池内部无故障。

（2）充电电流与温度

采用车载充电机（交流）充电，充电温度与充电电流要求见表 4-1-2。

表 4-1-2 充电温度与充电电流要求（交流充电）

温度	小于 0℃（加热）	0～55℃	大于 55℃
可充电电流	0A	10A	0A
备注	当单体最高电压高于额定电压 0.4V 时，降低充电电流到 5A，当单体电压高于额定电压 0.5V 时，充电电流为 0A，请求停止充电		

采用非车载充电机（直流）充电，充电温度与充电电流要求见表 4-1-3。

表 4-1-3 充电温度与充电电流要求（直流充电）

温度	小于 5℃（加热）	5～15℃	15～45℃	大于 45℃
可充电电流	0A	20A	50A	0A
备注	恒流充电至单体电压高于额定电压 0.3V 以后转为恒压充电方式			

快充和慢充的流程均为：采用恒流 - 恒压充电方法，在不同温度范围内以恒定电流充电至动力电池组总电压达到或最高单体电压达到此温度条件下的规定电压值，以恒定电压充电至电流小于 0.8A 后停止充电；在充电过程中，如果单体压差大于 300mV，则停止充电，报充电故障。

知识链接

　　恒压充电是指充电过程中，电源电压始终保持不变的充电方法。采用恒压充电时，电池组必须并联在充电电源之间。随着电池组电动势的增加，充电电流会逐渐减小，若充电电压调节恰当，充电电流变为 0 自动停止，即为充电终了。优点是可减少充电麻烦和充电时间。但恒压充电缺点是必须适当地选择充电电压，若电压过高，容易过充电，电池活性物质脱落，电池整体发热，容易自燃；并且恒压充电不能保证彻底充满电。

　　恒流充电适应性强，可以任意选择和调整充电电流，因此可对各种不同情况的电池组深度充电，对电池组损害非常小，可延长电池组整体寿命。可是这种方法最大的弊端是充电时间过长，且需要经常调节充电电压来调节电流。现在的充电模式基本都采用恒流和恒压充电混合工作，充电前期采用恒流充电，可保证电池深度充电；后期则采用恒压充电，可自动减少电流大小结束充电，避免过充电，用户无须选择何种充电方式。

（3）充电加热与保温

充电加热要求（仅适用于有加热功能的动力电池）见表 4-1-4。

表 4-1-4　充电加热要求

充电状态	车载充电机（慢充）	非车载充电机（快充）
温度	<0℃（加热）	<5℃（加热）

① 慢充时低于 0℃，启动加热模式：闭合加热片，待所有电池单体温度点高于 5℃，停止加热，启动充电程序，过程中出现电池单体温度差高于 20℃，则间歇停止加热，待加热片温度差低于 15℃，重启加热片。

② 加热过程中，正常情况下充电桩电流显示为 4～6A。

③ 充电过程中充电桩电流显示为 12～13A。

④ 如果单体压差 >300mV，则停止充电，报充电故障。

⑤ 快充时≤5℃ 的温度点，启动加热模式：电池单体温度数据与慢充相同；如果充电过程中最低温度≤5℃，则停止充电模式，也不重新启动加热模式。

保温策略：

① 充电保温只发生在车载充电完成后。

② 充电完成后，电池温度≤5℃ 时进入保温模式，若电池温度 >5℃，则进入静置状态。

③ 保温策略以保温 2h 为唯一截止条件。

④ 保温过程中，电池温度上升至≥8℃ 时，电池进入静置状态。

⑤ 保温过程中，如果电池温差超过 20℃，电池进入静置状态直至温差低于 10℃ 再次启动加热。

（4）整体动力电池组放电管理要求

动力电池内部条件（动力电池报一级故障时无法放电）：

① 储电能量 >10%（SOC）。

② 电池温度在 −20～45℃。

③ 电池单体温度差 <25 ℃。

④ 实际单体最低电压不小于额定单体电压 0.4V。

⑤ 单体电压差 <300mV。

⑥ 绝缘性能 >20MΩ。

⑦ 动力电池内部低压供电、通信正常。

⑧ 动力电池监测系统工作正常（电压、电流、温度、绝缘）。

动力电池外部条件（动力电池报一级故障时无法放电）：

① BMS 常电供电正常（12V 正、负极）。

② ON 信号正常。

③ 整车控制其唤醒信号正常。

④ CAN 线通信正常（新能源 CAN 线）。

⑤ 高压电缆连接正常。

⑥ 高压电缆及电气设备绝缘性能 >20MΩ。

⑦ 充电连接确认信号线或充电唤醒信号无短路（整车控制器到充电机或充电连接线束）。

2. 锂离子电池充电方法

目前锂离子电池的充电方法有三种：串联充电、并联充电、专用充电机（含 BMS）充电。

（1）串联充电

锂离子电池组的充电一般都采用串联充电，这主要是因为串联充电方法结构简单、成本低、

较容易实现。但由于单体锂离子电池之间在容量、内阻、衰减特性、自放电等性能方面的差异，在对锂离子电池组串联充电时，电池组中容量最小的那只单体锂离子电池将最先充满电，而此时，其他电池还没有充满电，如果继续串联充电，则已充满电的单体锂离子电池就可能会被过充电。

锂离子电池过充电会严重损害电池的性能，甚至可能会导致爆炸造成人员伤害，因此，为了防止出现单体锂离子电池过充电，锂离子电池组使用时一般配有电池管理系统（BMS），通过电池管理系统对每一只单体锂离子电池进行过充电保护。串联充电时，如果有一只单体锂离子电池的电压达到过充保护电压，电池管理系统会将整个串联充电电路切断，停止充电，以防止这只电池单体被过充电，而这样会造成其他锂离子电池无法充满电。

经过多年的发展，磷酸铁锂电池由于具有较高的安全性、很好的循环性能等优势，已经基本能满足新能源汽车特别是纯电动汽车的要求，工艺上也基本具备了大规模生产的条件。然而，磷酸铁锂电池的性能与其他锂离子电池存在着一定的差异，特别是其电压特征与锰酸锂电池、钴酸锂电池等不同。图 4-1-6 所示是磷酸铁锂与锰酸锂两种锂离子电池的充电曲线与锂离子脱嵌对应关系的比较。

从图中的曲线不难看出，磷酸铁锂电池在快充满电时，锂离子几乎完全从正极脱嵌到负极，电池端电压会快速上升，出现充电曲线的上翘现象，这样会导致电池很容易达到过充电保护电压。因此磷酸铁锂电池组中某些电池充不满电的现象相对锰酸锂电池组而言会更为明显。

另外，虽然有些电池管理系统带有均衡功能，但由于从成本、散热、可靠性等多方面考虑，电池管理系统的均衡电流一般远小于串联充电的电流，因此均衡效果不是很明显，也会出现某些电池单体充不满电的情况，这对于需要大电流充电的锂离子电池组而言则更为明显。

例如，将 100 只放电容量都为 100A·h 的锂离子电池串联起来组成电池组，但如果成组前其中 99 只单体锂离子电池荷电 80A·h，另外 1 只单体锂离子电池荷电 100A·h，将此电池组进行串联充电时，其中荷电 100A·h 的那只单体锂离子电池会先充满电，从而达到过充保护电压。为了防止这只单体锂离子电池被过充电，电池管理系统会将整个串联充电电路切断，也就使得其他 99 只电池无法充满电，从而整个电池组放电容量也就只有 80A·h。

一般电池厂家出厂测试容量时是将电池单体先恒流充电再恒压充电，然后恒流放电从而测出放电容量。一般放电容量约等于恒流充电容量加上恒压充电容量。而实际电池组串联充电过程中对电池单体而言一般没有恒压充电过程，所以恒压充电容量就会没有，电池组容量就会小于电池单体容量。而一般充电电流越小，恒压充电容量比例越小，电池组损失容量越小，因此又发展出了电池管理系统和充电机协调配合串联充电的模式。

（2）专用充电机（含 BMS）充电

电池管理系统是对电池的性能和状态了解最为全面的设备，所以将电池管理系统和充电机之间建立联系，就能使充电机实时地了解电池的信息，从而更有效地解决电池充电时产生的一些问题。其工作示意图如图 4-1-7 所示。

电池管理系统和充电机协调配合充电模式的原理为：电池管理系统通过对电池的当前状态（如温度、电池单体电压、电池工作电流、一致性以及温升等）进行监控，并利用这些参数对当前电池的最大允许充电电流进行估算；充电过程中，通过通信线将电池管理系统和充电机联系起来，实现数据的共享。电池管理系统将总电压、最高电池单体电压、最高温度、温升、最大允许充电电压、最高允许电池单体电压以及最大允许充电电流等参数实时地传送到充电机，充电机就能根据电池管理系统提供的信息改变自己的充电策略和输出电流。

当电池管理系统提供的最大允许充电电流比充电机设计的电流容量高时，充电机按照设计

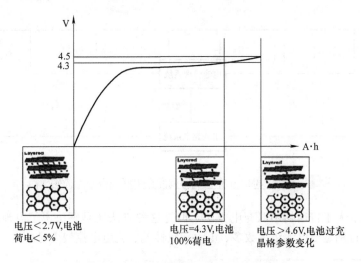

电压<2.7V,电池荷电<5%　　　　电压=4.3V,电池100%荷电　　　　电压>4.6V,电池过充晶格参数变化

a) 锰酸锂电池锂离子脱嵌与充电曲线对应关系

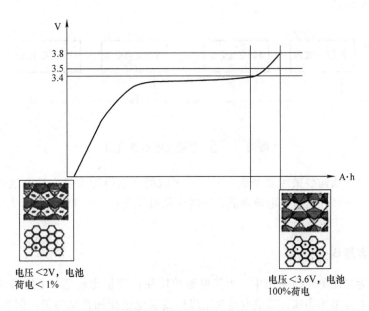

电压<2V，电池荷电<1%　　　　电压<3.6V，电池100%荷电

b) 磷酸铁锂电池锂离子脱嵌与充电曲线对应关系

图4-1-6　两种锂离子脱嵌与充电曲线对应关系对比

的最大输出电流充电；当电池的电压、温度超限时，电池管理系统能实时检测到并及时通知充电机改变电流输出；当充电电流大于最大允许充电电流时，充电机开始跟随最大允许充电电流，这样就有效地防止了电池过充电，达到延长电池寿命的目的。充电过程中一旦出现故障，电池管理系统可以将最大允许充电电流设为0，迫使充电机停机，避免发生事故，保障充电的安全。

在该充电模式下，既完善了电池管理系统的管理和控制功能，又能使充电机根据电池的状态，实时地改变输出电流，达到防止电池组中所有电池发生过充电以及优化充电的目的，电池组

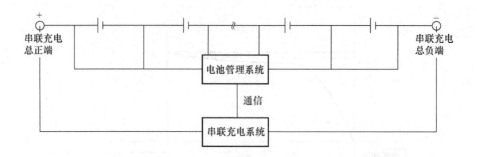

图 4-1-7　BMS 和充电机协调配合串联充电示意简图

的实际放电容量也要大于普通的串联充电方法。但是这种方法还是解决不了电池组中某些电池充不满电的问题，特别是当电池组串数多、电池一致性差、充电电流较大时。

（3）并联充电

为了解决电池组中某些电池单体过充和充不满电的问题，又发展出了并联充电的办法，其示意图如图 4-1-8 所示。

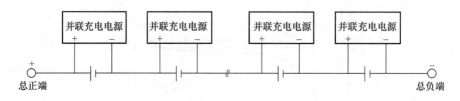

图 4-1-8　并联充电示意简图

但是并联充电方法需要采用多个低电压、大电流的充电电源为每一只电池单体充电，存在充电电源成本高、可靠性低、充电效率低、连接线径粗等缺陷，因此目前没有大范围使用这种充电方法。

（四）电池容量均衡技术

在由电池作为储能单元的系统中，由于电池单体往往容量比较低，不能够满足大容量系统的要求，需要将电池单体串联，形成电池模组以提高供电电压和存储容量。例如，在电动汽车、微电网系统等领域大多需要电池串联。由于电池单体自身制造工艺等原因，不同单体之间诸如电解液密度、电极等效电阻等都存在着差异，这些差异导致即便串联电池组每个单体的充放电电流相同，也会使每个单体的容量产生不同，进而影响整个电池组的工作。最坏的情况，在一个电池模组中，有一个单体的剩余容量接近 100%，另一个单体的剩余容量为 0，则这个电池模组既不能充电也不能放电，完全不能使用。因此对电池容量的均衡是非常重要的，尤其是在大量电池单体串联的情况。

电池容量均衡的方法主要有电阻消耗均衡法、开关电容法、双向 DC-DC 变流器法、多绕组变压器法、多模块开关均衡法、开关电感法等，下面逐一做简单的介绍。

1. 电阻消耗均衡法

电阻消耗均衡法是通过与电池单体连接的电阻，将高于其他单体的能量释放，以达到各单体的均衡，如图 4-1-9 所示。

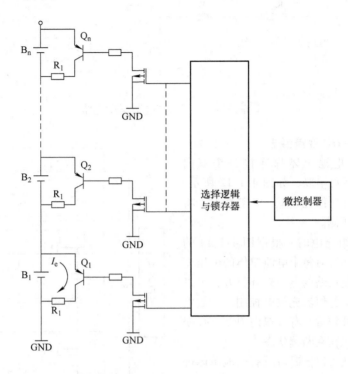

图 4-1-9　电阻消耗均衡法结构图

每个电池单体通过一个晶体管与一个电阻连接，通过控制晶体管的导通与关断实现电池单体对电阻的放电。该种结构控制简单，放电速度快，可多个单体同时放电。但缺点也很明显，能量消耗大，只能对单体进行放电不能充电，而且其他电池单体要以最低的单体为标准才能实现均衡，效率低。

2. 开关电容法

开关电容法是在每两个相邻的电池之间通过开关器件与一个电容并联，如图 4-1-10 所示。通过控制开关器件驱动信号 PWM 的占空比实现相邻两个电池之间能量的传递。例如，若电池单体容量 B_1 高于 B_2，G_1 开通 G_2 关断时，电容 C_1 和电池单体 B_1 并联，B_1 将能量传递给 C_1；G_1 关断 G_2 开通时，电容 C_1 和电池单体 B_2 并联，C_1 将能量传递给 B_2，完成这个周期内的能量传递。以此类推，通过控制开关器件的开通与关断，利用电容实现能量的逐个传递。

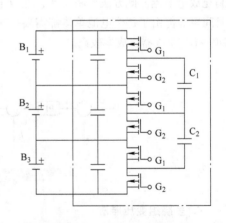

图 4-1-10　开关电容法结构图

该电路可以等效成图 4-1-11 所示电路，在每两个电池单体之间连接一个等效电阻，可以推导出图中公式给出的等效阻值。这种方法由于能量逐个传递，均衡时间较长，可以根据图中公式，通过改变开关器件的开关频率和电容容值的方法调节等效电阻，改变充放电电流。

式中，f 为开关频率，$\tau = RC$，D 为占空比。开关电容法控制简单，可实现充电和放电均衡，但由于是逐级传递能量，均衡速度较慢。

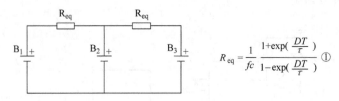

$$R_{eq} = \frac{1}{fc} \frac{1+\exp(\frac{DT}{\tau})}{1-\exp(\frac{DT}{\tau})} \quad ①$$

图 4-1-11　开关电容法等效电路

3. 双向 DC – DC 变流器法

该方法每个电池单体都连接一个双向DC – DC 变流器后再串联，如图 4-1-12 所示。由于电池单体电压等级比较低，一般情况下将电池单体作为低压侧。

在给电池模组充电时，根据图 4-1-13 的控制策略，可以实现对每个电池单体的恒压充电，如果将该控制策略的电压外环打开，可以根据均衡的需要进行恒流充放电控制。在放电时，如果连接负载较重，有些双向 DC – DC 变流器的电感可能工作在断续状态。

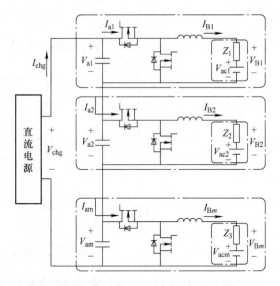

这种均衡方法可以同时对所有电池单体进行充放电，并针对不同电池单体的容量情况控制充放电电流。此方法控制灵活，充放电均衡时间短。但由于每个电池单体都需要一个双向DC – DC 变流器，成本较高。

图 4-1-12　双向 DC – DC 变流器法结构图

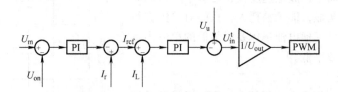

图 4-2-13　电池单体恒压充电控制框图

4. 多绕组变压器法

多绕组变压器法是将每个电池单体连接到变压器的一个二次侧，如图 4-1-14 所示。

在对电池组进行电压均衡时，控制变压器二次电压首先高于最低的一个电池单体，此时这个单体电路中的二极管导通，其他单体连接的二极管由于承受反压关断，仅给电压最低的电池单体充电，等到这个单体充至倒数第二高时，再提高二次电压，给最低的两个单体充电，照这种方法持续下去。

这种充电方式的多绕组变压器设计复杂，而且价格较贵，需要根据不同的电池单体数量改变绕组个数，不易于电池组的扩展；仅能通过给电池单体充电的方式实现均衡。

5. 多模块开关均衡法

该种方法的结构如图 4-1-15 所示，由于串联电池单体数量较多，可以将这些单体分为 M 个模块，每个模块有 K 个单体。

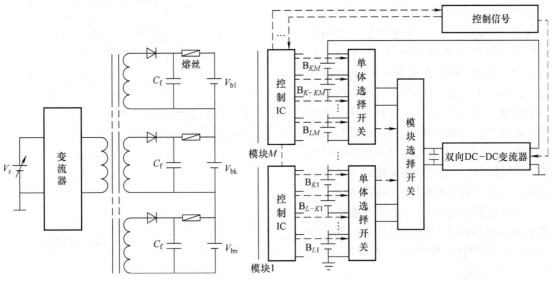

图 4-1-14 多绕组变压器法结构图   图 4-1-15 多模块开关均衡法结构图

每个电池单体均有一组开关与双向 DC – DC 变流器连接，开关由两个反向串联的 MOSFET 组成，在单体未选中进行充放电时，控制芯片控制相应 MOSFET 关断，单体与变流器断开；由控制器选择给某个单体进行充电时，通过控制芯片开通对应的光耦，令 MOSFET 导通，将该电池单体接入 DC – DC 变流器，如图 4-1-16 所示。

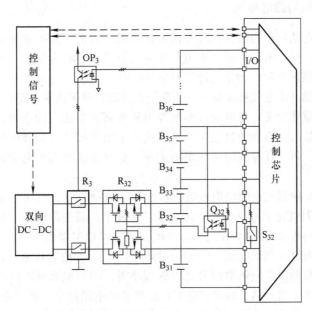

图 4-1-16 多模块开关均衡法控制电路

这种方法可以对任何一个单体进行单独充放电，充放电电流可控，但是每次只能针对一个电池单体，因此整个电池组的充放电均衡时间较长，尤其在单体数量很大的情况下。

6. 开关电感法

开关电感法是在相邻两个电池单体之间通过 MOSFET 与一个电感相连，如图 4-1-17 所示，若当单体容量 B_1 大于 B_2 时，首先令开关 Q_1 导通 Q_2 断开，B_1 给电感 L_1 充电，然后 Q_1 断开 Q_2 闭合，此时电感将存储的能量释放给 B_2。为了保证 Q_1 和 Q_2 不同时导通，会加入死区，在死区时间里，电感 L_1 通过 B_2、D_2 续流。同时 B_2 也可以给 B_3 传递能量，也可以实现能量反方向的流动，直到所有电池单体容量相同为止。

开关电感法可以实现相邻电池单体间能量的同时传递，可以减少均衡时间，对于 N 个电池单体，需要 $2N-2$ 个 MOSFET 和 $N-1$ 个电感。

电池组各单体容量的均衡对于串联电池组的工作效率和安全起着非常重要的作

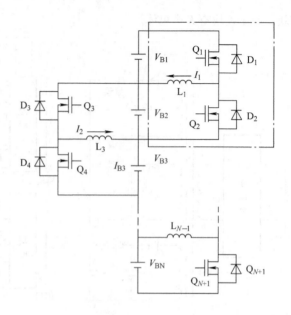

图 4-1-17　开关电感法结构图

用，长时间的不均衡会导致整个电池组寿命缩短，严重影响整个系统的工作。本节介绍了各种电池均衡方法的工作原理和优缺点，从中可以看出，没有一种方法是十全十美的，需要根据应用场合、均衡时间、串联数量、成本等因素综合考虑，进行实际应用的选择。

（五）动力电池组的漏电检测

我国制定的关于电动汽车的国家标准与国际标准是一致的，标准中规定电动汽车的绝缘状况以绝缘电阻来衡量。动力电池的绝缘电阻定义为：如果动力电池与地（车底盘）之间的某一点短路，最大（最坏情况下的）泄漏电流所对应的电阻。

准确、实时地检测高压电气系统对车辆底盘绝缘性能，对保证乘客安全、电气设备正常工作和车辆安全运行具有重要意义。对电动汽车绝缘电阻的研究方法大同小异，主要是在直流母线正负极和电底盘之间接入电阻，通过电子开关或高压继电器接通电阻和电底盘，然后测量这些电阻上的电压或电流，再计算得到绝缘电阻的大小。这些方法都需要电子开关或高压继电器以及电流或电压传感器。

因为纯电动汽车要测量的绝缘电阻各支路都由动力电池供电，电动汽车直流高压母线（包括各支路）的绝缘电阻也完全可以引用上述定义。实际上，直流母线正、负两极分别有自己的对地电阻，可以将它们等效为两个电阻：R_P 和 R_N，其电路模型如图 4-1-18 所示，其中 V_b 代表动力电池电压，地即为电动汽车底盘，V_P 为正对地电压，V_N 为地对负电压，那么整车绝缘电阻按照动力电池绝缘电阻的定义应该取两者之中的较小者，因为如果高压回路的一端与底盘短接时，则产生的电流取决于另一端子的对地电阻，显然这个电阻越小，则允许流过的电流就越大，产生的危害性就越大。参考电动汽车国家标准，如果人或其他物体构成高压电路与地之间的外部电路，最坏的情况下泄漏电流不允许超过 2mA，这是人体没有任何感觉的阈值。虽然正常情况下电动汽车的绝缘电阻是很大的，但事实上，高压母线两端子对地线的绝缘电阻阻值是有限的，而且一般认为它们是不等的，只是理论上存在有两种极限情况。

理想绝缘：如果直流高压回路完全绝缘，任何一点对地短接都不会产生电流，可以认为绝缘

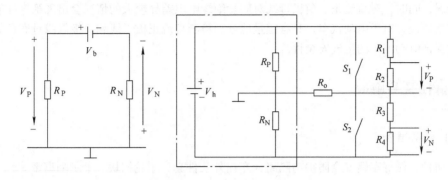

图 4-1-18　绝缘监控电路模型

电阻是"无限大的"。

绝缘短路：如果直流高压回路一端与底盘短接，就会有电流流过外部电路，电流的大小就仅取决于外部电阻，此时绝缘电阻为零。

电动汽车绝缘性能检测装置主要完成测量、预警、显示和通信四大部分的功能。为实现整车功能控制和高压自动切断保护，在电动汽车的高压系统中必须配置可自动切断主回路的接触器，根据整车设计需要，有些电动车辆的主回路上甚至有两个以上的相关部件，如果高压接触器发生闭合或断开失效，且不能及时采取有效措施，轻者会发生不能实现正常控制的情况，重者会产生重大安全事故，所以对高压接触器的执行状态进行有效、实时的监控，对电动汽车的安全、可靠运行有十分重要的意义。

对于接触器或继电器的状态监测方法有两种，一种是监测其线圈的得电情况，另一种是对触点本身进行监测。前一种方法简单，但对于监测对象来说，得电状态是间接反映，后一种方法直接，但实现有一定难度。

对于泄漏电流的检测，现在普遍采用两种方法：辅助电源法和电流传感法。

1. 辅助电源法

在我国某些电动汽车采用的漏电检测器中，使用一个直流110V的检测用辅助蓄电池，蓄电池正极与待测高压直流电源的负极相连，蓄电池负极与汽车机壳实现一点连接。在待测系统绝缘性能良好的情况下，蓄电池没有电流回路，漏电流为零；在电源电缆绝缘层老化或环境潮湿情况下，蓄电池通过电缆线绝缘层形成闭合回路，产生漏电流，检测器根据漏电流的大小进行报警，并关断待测系统的电源。这种检测方法需要直流110V的辅助电源，增加了系统结构的复杂程度，而且这种检测方法难以区分绝缘故障源是来自电源的正极引线还是负极引线。

2. 电流传感法

采用霍尔电流传感器是对高压直流系统进行漏电检测的另一种方法。将待测系统中电源的正极和负极一起同方向穿过电流传感器，当没有漏电流时，从电源正极流出的电流等于返回到电源负极的电流，因此，穿过电流传感器的总电流为零，电流传感器输出电压为零；当发生漏电现象时，电流传感器输出电压不为零。根据该电压的正负可以进一步判断产生漏电流的来源是正极还是负极。但是，用这种检测方法的前提是待测电源必须处于工作状态，要有工作电流的流出和流入，它无法在电源空载状态下评价电源的对地绝缘性能。

在目前的一些电动汽车研发产品中，采用母线电压在"直流正极母线－底盘"和"直流负极母线－底盘"之间的分压来表征直流母线相对于车辆底盘的绝缘程度。但是，这种电压分压法只能表征直流正负母线对底盘的相对绝缘程度，无法判别直流正负母线对底盘绝缘性能同步

降低的情况；同时，对直流正、负极母线对底盘绝缘电阻差异较大的情况会出现绝缘性能下降的误判。严格地说，对于电动汽车，只有定量地分别检测直流正极母线和负极母线对底盘的绝缘性能，才能保证电动汽车的电气安全性。

四、任务实施

（一）任务准备

安全防护：做好车辆安全防护与隔离（车内外三件套、车轮挡块、警示隔离带等）。

工具设备：数字万用表、兆欧表、绝缘防护用品、绝缘工具套装、常规工具套装、动力电池拆装举升台。

台架车辆：比亚迪 e5 分控联动训练台（行云新能 INW – EV – E5 – FL）和普锐斯分控联动台架（行云新能 INW – HEV – PRIUS – FL）、比亚迪 e5 教学版整车和丰田普锐斯整车。

辅助资料：汽车维修手册、教材。

（二）实施步骤

1. 动力电池组漏电检测

正如前面章节所述，混合动力汽车或电动汽车使用高压漏电检测电路或几个此类电路以监测车辆高压绝缘材料是否受损并检测绝缘故障。高压漏电可能发生在以下位置：

① 高压直流电路（正极一侧）和底盘接地之间。

② 高压直流电路（负极一侧）和底盘接地之间。

③ 高压电路与底盘接地之间。

当高压电路和底盘接地之间的电阻低于预定的下限阈值时，会认为出现了漏电故障并生成故障诊断代码（高压绝缘异常），且利用组合仪表显示（警告灯，如主警告灯亮起）将异常告知驾驶人。如果混合动力汽车或纯电动汽车在上电（READY 为 ON）运行时发生故障，多数车辆都只是生成故障诊断代码，而不会下电让车辆停止运行。根据故障的严重程度，如果出现与漏电故障有关的故障诊断代码，车辆在断电（READY 为 OFF）之后可能不会重新起动。

高压漏电的可能故障原因包括：

① 高压电池电解液泄漏到底盘接地。

② 电机绕组与定子铁心或变速器壳体接触。

③ 在裸露的高压元件连接线附近有与车身连接的金属物。

④ 高压绝缘材料受损或衰减。

（1）检测设备

① 检测用电压表精度不低于 0.5 级（小数点后面 4 位），要求具有直流电压测量档位，量程范围不小于或等于 500V。

② 绝缘电阻测试小线由电工鳄鱼夹、高压电阻（100kΩ ± 10kΩ）、高压导线组成。电工鳄鱼夹要求耐压为 3kV；高压电阻耐压为 3kV；高压导线耐压为 3kV，过电流能力大于 5A。

③ 检测用万用表和绝缘电阻测试小线，应在鉴定合格的有效期内。

（2）检测方法

① 测量动力电池组正极与托盘之间的开路电压 $U_正$，如图 4-1-19 所示。

② 测量动力电池组负极与托盘之间的开路电压 $U_负$，如图 4-1-20 所示。

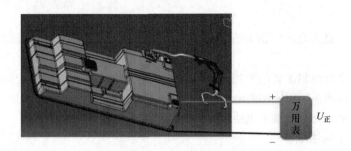

图 4-1-19　测量开路电压 $U_正$

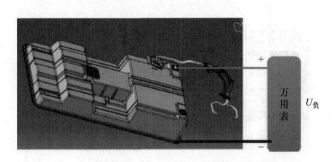

图 4-1-20　测量开路电压 $U_负$

③ 比较 $U_正$ 和 $U_负$，执行下一步。

④ 如果 $U_正 > U_负$，则在动力电池组正极与托盘之间并联高压电阻（$100k\Omega \pm 10k\Omega$），如图 4-1-21 所示。同时，用电压表测量高压电阻两端的电压。

⑤ 计算动力电池组的绝缘电阻。

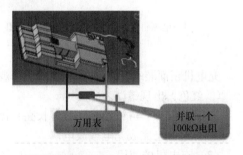

图 4-1-21　测量高压电阻两端的电压

$$\dfrac{\dfrac{U_1 - U_2}{U_2} \times R}{\text{动力电池电压}} > 500\Omega/\text{V} \quad \text{不漏电}$$

$$\dfrac{\dfrac{U_1 - U_2}{U_2} \times R}{\text{动力电池电压}} \leqslant 500\Omega/\text{V} \quad \text{漏电}$$

2. 充电机的使用

以下以 DBL 1200HV-60 型号充电机为例进行阐述。

温 馨 提 示

　　该设备只允许由有电子技术资质的专业人员在专门的应用情况下使用。应仔细阅读操作说明，并且在任何情况下均需遵守电池制造商的指引。

该设备是车辆高压电池单个模组的调试和诊断系统。

该设备用于调整安装在车辆内的高压电池单个模组的电压。

充电机为新添加的模组充电，令其达到车辆内所安装模组的电压水平，或者令其放电，从而降低电压水平。

汽车内模组的"最大电压"需要在设备上手动输入。之后，充电机将模组电压调整到所输入的值。

只能使用与车型电池相配套的专用连接电缆给模组充电或放电。电池连接电缆不是设备的组成部分，必须单独购买。所使用的电池连接电缆必须单独进行测试，并适用于该用途。

充电机可以在电池充电器推车上使用，或者摆放在工作台上使用。

（1）充电机的结构组成

充电机的结构说明如图 4-1-22 所示。

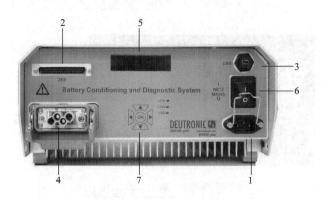

图 4-1-22　充电机结构说明

1—电源插头接口　2—D–SUB 接口（ZKS 接口，BMS 功能）　3—串行信号接口（升级固件）
4—功率输出（电池充电接口）　5—显示屏　6—电源开关　7—菜单导航按钮

充电机正面装有三个 LED 灯，以便直观地显示当前的操作模式。

① 红色：出现错误。

② 黄灯闪烁：待机模式，黄灯长亮：操作模式。

③ 绿色：已完成充电或放电。

（2）充电机的使用

1）连接电池模组。按压电源开关后，屏幕将显示当前软件版本一小段时间（图4-1-23）。按压"OK"（确认）按钮，屏幕显示将静止 20s。

图 4-1-23　当前软件版本

如果尚未连接电池，显示器将显示"Battery module not connected"（未连接电池模组）（图4-1-24）。可通过"菜单"栏进入所有的设置和诊断菜单。

如需连接电池模组，可将电池连接电缆插头轻轻插入模组插座。这么设计是为了防止不小心混淆触点（极性）。为了防止插头松动，用一个位于插座上的止动弓形件在插头上弯折直至其卡住（图4-1-25）。

为了监控动力电池模组的电池单体电压和温度，必须将"ZKS"插头与 37 芯 D – SUB

图 4-1-24　未连接电池模组

图 4-1-25 连接电池模组专用插头

接口连接（图4-1-26）。为了稳固应当将现有的螺栓拧紧。

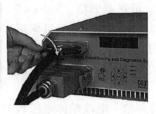

图 4-1-26 连接 BMS 专用插头

如果某个接口未连接，便会在显示屏上显示缺少连接。要进入调试模式菜单，必须将缺少的连接插在设备上（图4-1-27）。

2）进行充放电参数设置。在电池模组完全连接后，会自动出现"OPERATIONS"（运行）菜单，该模式用于调试已连接的电池模组（图4-1-28）。在该窗口内必须输入已连接电池模组的参数以及所需的目标电压。

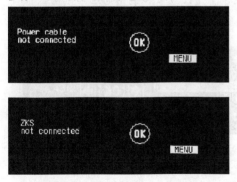

图 4-1-27 未连接专用插头提示

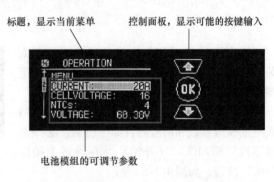

图 4-1-28 充放电可设置参数

① 充电电流。充电机的充电电流范围为1～20A。如果用较低的电流给所连接的电池模组充电，则可通过菜单"Charging Current"（充电电流）将电流限值降低。要降低充电电流限值，必须按压设备上的"OK"按钮。在显示屏右侧即出现调节充电电流限值的字段。借助设备上的箭头按钮可调节所需的数值，随后必须用"OK"按钮确认所需的数值，如图4-1-29所示。

如果在电池连接电缆中安装限制最大充电电流的电阻器，则会自动对其进行识别。在这种情况下，"Charging Current"（充电电流）不可调。

② 电池单体数量。在"Cell Voltage"菜单项中可对电池模组中电池单体的数量进行调节，

调节范围为1~16，如图4-1-30所示。

更改电池模组参数的字段

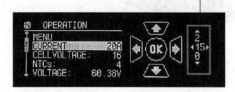

图 4-1-29 充电电流参数设置

图 4-1-30 电池单体数量参数设置

③ 模组目标电压。可在菜单项"Voltage"（电压）下调节已连接电池模组的电压目标值（图4-1-31）。默认值总是显示电池模组的当前电压。可用下列公式得出可调节目标电压的极限值：

模组目标电压最低限值：电池单体电压数量×最低电池单体电压。

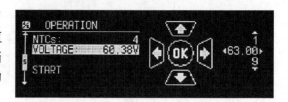

图 4-1-31 模组目标电压参数设置

示例：16 个电池单体×2.8V＝44.8V。

模组目标电压最大限值：电池单体电压数量 × 最高电池单体电压。

示例：16 个电池单体×4.1V＝65.6V。

温馨提示

只能在有密码保护的"SuperUser"（超级用户）菜单下更改最低和最高电池单体电压。

④ NTCs。在"NTCs"菜单项中可调节安装在电池模组中的温度测量位置参数，调节范围为1~6，如图4-1-32所示。

3）开始充放电过程。在完整和正确地输入电池模组参数和所需的目标电压后，必须选择字段"START"（开始）并在设备上按压"OK"按钮，如图4-1-33所示。

图 4-1-32 温度测量位置参数设置

跳过空行，选择"START"（开始）并按压"OK"

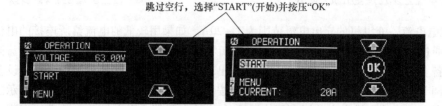

图 4-1-33 开始充放电

在选择"START"（开始）后，用户必须输入一个安全密码（图4-1-34）。安全密码用于仅让授权用户使用设备。

图 4-1-34　输入安全密码

在输入安全密码后便会检查输入的参数，并利用已连接电池模组的所测数据进行可信度测试。如果输入的数据符合所测数值并且输入了一个正确的安全密码便会自动开始充放电过程。如果所测数值与输入的参数不一致，或者选择错误的安全密码，便会显示"Input implausible"（输入不可信），必须重新输入充电过程所需的数据。在充电机首次投入使用后或者软件升级到说明书所述的功能范围后，应直接由"SuperUser"（超级用户）更改安全密码，以防止未经授权使用设备。

如果输入了正确的电池参数和安全密码，便会开始充放电模式。根据输入的模块目标电压数值是否大于或小于已连接电池的当前数值，充电机会自动判断是否必须开始充电或放电过程，如图4-1-35所示。

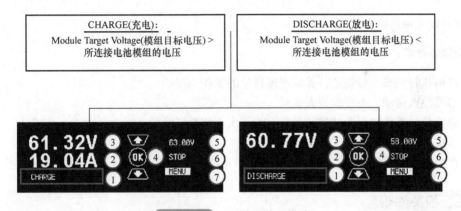

图 4-1-35　开始充放电模式

1—工作状态　2—当前充电电流　3—模组实际电压　4—可选按钮　5—目标模组电压　6—中断充放电　7—主菜单

五、学习检查

任务	1. 在比亚迪 e5 教学版整车和丰田普锐斯整车上进行电池漏电检测。 2. 在比亚迪 e5 分控联动训练台（行云新能 INW – EV – E5 – FL）上进行电池模组的充放电练习。
笔记	

任务 2　废电池的回收处理

一、任务引入

几乎所有的电动汽车制造商和它们的电池供应商，都会使用回收和再利用程序，从而确保尽可能多的动力电池组在更换之后返回到制造商手中。用于替换的动力电池组通常放在特殊的装运箱中被运送到汽车维修点。将替换电池组从装运箱中取出后，技术人员把故障电池组安全牢固地装入这个装运箱内并寄回发货处。装运箱内通常带有包装说明和安全防护须知。

二、任务要求

知识要求：

1）熟悉废电池的回收处理流程。
2）了解废电池的回收技术。

技能要求：

会进行废电池的回收处理。

职业素养要求：

1）严格执行汽车检修规范，养成严谨科学的工作态度。
2）尊重他人劳动，不窃取他人成果。
3）养成总结训练过程和结果的习惯，为下次训练总结经验。
4）养成团结协作精神。
5）严格执行 5S 现场管理。

三、相关知识

（一）废旧锂离子电池的资源性和对环境的危害性

1. 废旧锂离子电池的资源性

近些年来我国新能源汽车产销量均处于持续上升态势，保有量逐年增长，目前已成为全球第一大汽车生产国和消费市场，动力电池的报废量也迅速增加。但是目前我国动力电池的回收拆解行业仍处于起步发展阶段，尚有许多问题亟待解决。

2015 年，中国锂离子电池总产量 47.13GW·h，其中，动力电池产量 16.9GW·h，占比 36.07%；消费锂离子电池产量 23.69GW·h，占比 50.26%；储能锂离子电池产量 1.73GW·h，占比 3.67%。到 2020 年，动力锂离子电池的需求量将达到 125GW·h，报废量将达 32.2GW·h，约 50 万 t；到 2023 年，报废量将达 101GW·h，约 116 万 t。规模庞大的动力锂离子电池市场伴生的将是锂离子电池回收和下游梯次利用行业的机遇，发展锂离子电池回收和梯次利用在避免资源浪费和环境污染的同时也将产生可观的经济效益和投资机会。

组成锂离子电池的正极、负极、隔膜、电解质等材料中含有大量的有价金属。不同动力锂离子电池正极材料中所含的有价金属成分不同，其中潜在价值最高的金属包括钴、锂、镍等。例如，三元电池中锂的平均含量为 1.9%、镍 12.1%、钴 2.3%；此外，铜部分、铝部分等占比也达到了 13.3% 和 12.7%，如果能得到合理回收利用，将成为创造收入和降低成本的一个主要来源。

钴是一种银灰色有光泽的金属，有延展性和铁磁性。因具有很好的耐高温、耐腐蚀、磁性性能，钴被广泛用于航空航天、机械制造、电气电子、化学、陶瓷等工业领域，是制造高温合金、硬质合金、陶瓷颜料、催化剂、电池的重要原料之一。由于 2016 年上半年动力锂离子电池市场的快速发展所带动的对于钴的需求提振以及各大矿山减产的预期，钴价在 2016 年年中出现了拐点，预计未来两年内仍将维持供给紧平衡的态势。从全球市场来看，钴的需求 42% 集中在锂离子电池领域，其次是高温合金（16%）和硬质合金（10%）；从中国市场来看，电池材料占比高达 69%。随着新能源车下游需求逐步明确，国内动力电池厂商 2016—2017 年纷纷扩大产能，对于钴的需求将进一步提升。因此从废旧电池中回收再利用钴也越来越具有经济性。

锂元素作为广泛用于动力锂离子电池中的元素，其用途非常广泛，且目前市场上碳酸锂的价格不断走高，需求端尤其是新能源汽车驱动的需求扩大以及供给端产能释放的难度共同作用于碳酸锂的价格，促使越来越多的企业开始关注锂离子电池回收的经济效益。

2. 废旧锂离子电池对环境的危害性

现有的废旧电池处理方式主要有固化深埋、存放于废矿井和资源化回收，但目前我国电池资源化回收的能力有限，大部分废旧电池没有得到有效的处置，将会给自然环境和人类健康带来潜在的威胁。

虽然动力电池中不包含汞、镉、铅等毒害性较大的重金属元素，但也会带来环境污染。例如，其电极材料一旦进入到环境中，电池正极的金属离子、负极的碳粉尘、电解质中的强碱和重金属离子，可能造成重环境污染等，包括提升土壤的 pH 值，处理不当则可能产生有毒气体。此外，动力电池中含有的金属和电解液会危害人体健康，例如钴元素可能会引起肠道紊乱、耳聋、心肌缺血等症状。

动力电池回收问题影响到了社会经济的可持续发展。电动汽车有应对环境污染和能源短缺的优势，如果动力电池在其报废之后不能得到有效回收，会造成环境污染和资源浪费，有违发展电动汽车的初衷。对企业来说，动力电池的回收蕴藏着巨大的商机，经过回收处理，可以为电池生产商节约原材料成本。此外，动力电池回收还关系到政府建设低碳经济和环境友好型社会。

（二）动力锂离子电池回收渠道及商业模式

动力电池的生命周期包括生产、使用、报废、分解以及再利用。动力电池在其报废后除了化学活性下降之外，电池内部的化学成分并没有发生改变，只是其充放电性能不能满足车辆的动力需求，但是可以运用到比汽车电能要求更低的地方。动力电池的梯次利用因此也成为目前业内探讨较多的回收利用方式之一，即将用于汽车的电池在淘汰后利用在储能或者相关的供电基站以及路灯、低速电动车上，最后再进入回收体系，但这种商业模式还面临着是否能够盈利的考量，涉及渠道和技术的问题。

动力锂离子电池的回收利用可以分为两个循环过程：

1）梯次利用：主要针对电池容量降低使得电池无法使电动车正常运行，但是电池本身没有报废，仍可以在别的途径继续使用，例如用于电力储能。

2）拆解回收：主要针对电池容量损耗严重，使得电池无法继续使用，只能将电池进行资源化处理，回收有利用价值的再生资源。

动力锂离子电池的回收渠道目前主要以回收小作坊为主，专业回收公司和政府回收中心较少，体系有待重整。目前我国动力电池回收市场的废旧动力电池大多流入了缺乏资质的翻新小作坊，这些公司工艺设备落后，但如果交由依法注册纳税的正规企业，取得资质并按照国家标准排放，势必会造成价格上竞争力的缺失，因此进一步地完善政策来保障电池回收产业的可持续发展是非常必要的。

1. 回收小作坊

回收成本低廉，可以抬高回收价格，高价回收是回收小作坊最大的竞争优势。但是这些小作坊在经过回收后，仅对废旧动力电池进行简单修复并重新包装后就流回市场，扰乱了动力电池市场的正常秩序。此外，由于这些小作坊不具备相关资质，容易产生安全隐患及环保问题。

2. 专业回收公司

专业回收公司是国家批准专门回收处理废旧动力电池的专业企业，综合实力雄厚、技术设备先进、工艺规范，既能最大化回收可用资源，又能够降低对环境的影响。目前，我国专门回收动力电池的公司包括深圳格林美、邦浦循环科技、超威集团和芳源环保等。目前来看虽然进行锂电池回收方面布局的企业越来越多，但缺乏政府系统的支持和政策激励。

3. 政府回收中心

地方各级政府依照国家相关法律，设置国家回收中心，有利于科学规范地管理电池回收市场、完善回收网络、合理布局回收网络和回收市场，提高正规渠道的回收量。目前我国还没有动力电池的政府回收中心，但未来可以根据现实情况，有选择地进行发展。

4. 商业模式比较

（1）生产商回收

从欧美发达国家的电池回收经验可以看出，在建立废旧电池的回收体系时，动力电池生产商承担电池回收的主要责任。当动力电池配套电动汽车一起销售给运营商、集团客户或者个人客户等消费者，消费者拥有动力电池的所有权，也有义务交回报废的动力电池。该模式下的回收网络由动力电池生产商利用电动汽车生产商的销售服务网络改建，而且电动汽车生产商有责任配合对其产品中所使用的动力电池进行回收。生产商在产品全生命周期中最具控制力，占有多种资源，负责产品的设计架构。可以说生产商掌握着产品的全部信息，决定了产品对环境的影响程度。

回收流程为动力电池生产商利用电动汽车生产商的销售网络，以逆向物流的方式回收废旧电池。消费者将报废的电池交回附近的电动汽车销售服务网点，依据电池生产商和电动汽车生产商的合作协议，电动汽车生产商以协议价格转运给电池生产企业，由其进行专业化的回收处理，电池生产商可以继续利用回收的金属材料。另外，报废汽车拆解企业在回收废弃电动汽车时，也需要将拆解的废旧动力电池直接销售给动力电池生产商。

在回收形式上，实施"以旧换新"的制度促使更多的消费者交回废旧电池，保证动力电池的回收量。在消费者更换新电池时，旧电池可以抵扣新电池的部分价格。报废汽车拆解企业在回收带有动力电池的电动汽车时，应给予消费者一定的现金补偿，之后将废旧动力电池销售给动力电池生产商。

（2）行业联盟回收

行业联盟回收动力电池模式是指由行业内的动力电池生产商、电动汽车生产商或电池租赁公司组成，共同出资设立专门的回收组织，负责动力电池的回收。这种方式可以避免由于电池生产商单个企业实力有限导致的回收电池数量不够、资金有限和回收渠道少等问题。

该模式的主要特点是在行业内成立统一回收组织，影响力强，覆盖广泛，独立运营；且回收网络庞大，易于消费者交回电池。回收利用所得的收益用于回收网络的建设和运营。

（3）第三方回收模式

第三方回收动力电池模式需要独自构建回收网络和相关物流体系，负责回收委托企业售后市场生产的废旧动力电池，之后运回回收处理中心，进行专业化的回收处理。在电动汽车最终报废进入汽车拆解企业后，汽车拆解企业可以将废旧动力电池销售给第三方企业。

这种回收模式的建立，需要投入大量的资金进行回收设备、回收网络及人力资源的建设；成本也是其中的重要影响因素之一。在生产者责任延伸制的体系下，不同动力电池回收模式适用于不同类型的企业。

对于大型动力电池生产商，其产品种类繁多、产销量较大，有较强的技术、经济实力自己回收电池；对于中小型企业，产品种类、产销量都较少，自己回收需要大量的投资，会影响企业核心业务的发展，所以可以选择和其他组织合作回收。

比较而言，行业联盟回收成本经济性最佳，但因为需要行业中各企业协同合作，目前在法律法规还没有很完善的情况下，可操作性较小。综合成本方面，动力电池生产商直接回收的模式成本较低，而第三方回收模式成本较高。

（三）动力锂离子电池的回收技术

废旧锂离子电池的资源化技术，是将废旧锂离子电池中有价值的成分，依据其各自的物理、化学性质，将其分离。一般而言，整个回收工艺分为4个部分：预处理部分、电极材料修复、有价金属的浸出和化学纯化。

在回收过程中，按照不同的提取工艺分类，可将锂离子电池的回收技术分为3大类：干法回收技术、湿法回收技术和生物回收技术。

1. 干法回收技术

干法回收工艺流程较短，回收的针对性不强，是实现金属分离回收的初步阶段。干法主要是指不通过溶液等媒介，直接实现材料或有价金属的回收方法，主要是通过物理分选法和高温热解法，对电池破碎进行粗筛分类，或高温分解除去有机物以便于进一步的元素回收。

干法回收以物理上的拆解粉碎为主，剥离外壳后进行焙烧，回收电池其他辅助有价值材料，如铜铝箔等。这种方法工艺较简单，成本低，但回收的产品纯度也低。目前来看，比较适合现阶段磷酸铁锂的回收，其分解流程如图4-2-1所示。

2. 湿法回收技术

湿法回收技术工艺比较复杂，但各有价金属的回收率较高，是目前主要处理废旧镍氢蓄电池和锂离子电池的技术。湿法回收技术是以各种酸碱性溶液为转移媒介，将金属离子从电极材料中转移到浸出液中，再通过离子交换、沉淀、吸附等手段，将金属离子以盐、氧化物

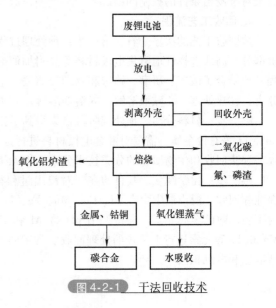

图4-2-1 干法回收技术

等形式从溶液中提取出来。

湿法冶金通过溶解的方法，得到含钴镍等贵金属元素的溶液，再利用液相合成等工艺得到新的三元正极材料，这种方法工艺难度更高，但回收的元素纯度也高，适合更高纯度有价值金属的提取，因此较为适用于三元材料的回收，其分解流程如图4-2-2所示。

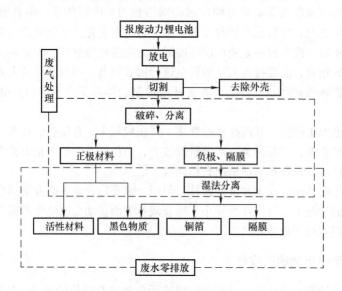

图4-2-2　湿法回收技术

3. 生物回收技术

生物回收技术具有成本低、污染小、可重复利用的特点，是未来锂离子电池回收技术发展的理想方向。生物回收技术主要是利用微生物浸出，将体系的有用组分转化为可溶化合物并选择性地溶解出来，得到含有效金属的溶液，实现目标组分与杂质组分分离，最终回收锂等有价金属。目前，关于生物回收技术的研究刚刚起步，之后将逐步解决高效菌种的培养、周期长的问题以及对于浸出条件的控制问题。

4. 回收工艺流程

从回收工艺的次序来看，第一步：预处理过程，其目的是初步分离回收旧锂离子电池中的有价部分，高效选择性地富集电极材料等高附加值部分，以便于后续回收过程顺利进行。预处理过程一般结合了破碎、研磨、筛选和物理分离法。主要的几种预处理方法包括：①预放电；②机械分离；③热处理；④碱液溶解；⑤溶剂溶解；⑥手工拆解等。

第二步：材料分离。预处理阶段富集得到了正极和负极的混合电极材料，为了从中分离回收Co、Li等有价金属，需要对混合电极材料进行选择性提取。材料分离的过程也可以按照干法回收、湿法回收和生物回收的分类技术分为：①无机酸浸出；②生物浸出；③机械化学浸出。

第三步：化学纯化。其目的在于对浸出过程得到的溶液中的各种高附加值金属进行分离和提纯并回收。浸出液中含有Ni、Co、Mn、Fe、Li、Al和Cu等多种元素，其中Ni、Co、Mn、Li为主要回收的金属元素。通过调节pH将Al和Fe选择性沉淀出后，再对浸出液中的Ni、Co、Mn和Li等元素进行下一步的处理回收。常用的回收方法有化学沉淀法、盐析法、离子交换法、萃取法和电沉积法。

四、任务实施

（一）任务准备

安全防护：做好车辆安全防护与隔离（车内外三件套、车轮挡块、警示隔离带等）。

工具设备：数字万用表、兆欧表、绝缘防护用品、绝缘工具套装、常规工具套装、废旧电池回收存放台架、废电池专用保管箱。

台架车辆：比亚迪 e5 分控联动训练台（行云新能 INW – EV – E5 – FL）和普锐斯分控联动台架（行云新能 INW – HEV – PRIUS – FL）。

辅助资料：汽车维修手册、教材。

（二）实施步骤

1. 动力电池组的评估

动力电池组的故障必须由高压技师/高压专家进行确定和正确的评估，评估的结果将作为制定所要采取的后续步骤的依据，针对动力电池组的评估范围包含下列几个部分。

（1）外观检查（目视检查）

动力电池组的表观状况可提供有关其状态的重要信息。在检查时常问的问题包括：

蓄电池壳体的状况如何？可能的缺陷包括表面的机械损坏、磨损或腐蚀痕迹，等等。

溢出的液体：是否有电解液从高压蓄电池中溢出（气味检查）或冷却液是否泄漏？

烟雾：在蓄电池附近是否有烟雾或刺激性气味？

（2）功能检查

如果动力电池组仍安装在车辆上，可使用专用检测仪读取 BMS 中的信息。当动力电池组已拆下时，仍可使用专用的诊断适配器执行此项操作，将对下列信息进行检查：

1）能否读取控制单元中的信息？

2）是否存在严重的故障记忆条目？

3）通过所显示的实际值可以得出什么结论？

所有故障记忆条目都必须由高压技师/高压专家进行正确的评估（高压蓄电池处于非严重/严重/危险状态）。作为辅助，相关的严重故障记忆条目也会输出到专用检测仪上。

（3）热量检查

在评估动力电池组时，电池的温度是一个非常重要的因素。因此，必须通过专用检测仪读取电池模组的温度值。如果因故障（比如 BMS 发生故障）而无法执行此操作，则高压技师/高压专家必须使用合适的红外线温度计，检查动力电池组壳体的表面温度。通过使用专用检测仪或红外线温度计读取相关实际值执行热量检查。

如果电池温度值升高，必须采取相应的安全措施，以保证安全。

如果在测试时动力电池组的温度值仅仅略有升高，则稍后温度可能会进一步上升，处于严重状态的电池可能转变为危险的电池。反之，温度值也会下降，处于严重状态的电池会转变为安全的电池。

（4）评估结果的处理措施

检查结果分为非严重、严重、危险三个等级，如图 4-2-3 所示。

根据损坏迹象，可采取下列措施：

评估范围			分类	处理
表现	功能	热量		
无机械损坏；无液体溢出	可对蓄电池进行诊断；故障记忆中不存在严重故障	温度在规定范围内	非严重	· 存放方面不存在任何限制 · 可作为危险物品运送到弃置场所
机械损坏；液体溢出；气体泄漏	无法对蓄电池进行诊断；故障记忆中存在严重故障（例如，过度放电）	在可能发生气体泄漏/温度短暂上升后，温度仍在规定范围内	严重	· 可借助专用的车间设备进行存放 · 运输受限 · 国内回收/弃置
烟雾；起火		温度超出规定范围	危险	· 向消防队报警 · 在灭火后作为特殊类别的废弃物予以弃置

图 4-2-3 动力电池组评估分类

1）即使动力电池组处于严重状态下，也可以由高压技师进行维修。这通常适用于发生简单故障时的情况，比如更换有故障的 BMS。

2）处于严重状态的动力电池组必须从车辆上拆下，然后放入户外的临时存储装置内并置于隔离箱（专为存放蓄电池而提供的隔离箱）中，如图 4-2-4 所示。必须对高压蓄电池进行标示并布设警戒线。

图 4-2-4 隔离箱示例（缺少盖且警戒线上未粘贴警告标志）

3）出于安全原因，应立即停止对车辆执行的工作并将车辆停放在户外预先设定的合适位置（距离建筑物至少 5m 并由高压技师/高压专家布设警戒线）。维修车间区域内的警告标志必须粘贴到车辆上，以便每个人都能清楚地知道那是一辆高压车辆。

2. 动力电池组的处理

几乎所有的电动汽车制造商和它们的电池供应商，都会使用回收和再利用程序，从而确保尽可能多的动力电池组在更换之后返回到制造商手中。有些动力电池组制造商还会将旧电池组的某些结构部件重新应用到用于更换的电池组上。

用于替换的动力电池组通常放在特殊的装运箱中被运送到汽车维修点。将替换电池组从装运箱中取出后，技术人员把故障电池组安全牢固地装入这个装运箱内并寄回发货处。装运箱内通常带有包装说明和安全防护须知。

（1）存放完好无损的动力电池组和电池模组

只允许将动力电池组及其组件如电池模组存放在带有自动灭火装置的空间内。此外必须装有火灾探测器，从而确保即使不在工作时间内也能识别出失火情况。原则上不允许将动力电池组放在地面上，而是只能放在架子上。必须将各电池模组存放在可上锁的安全柜内。动力电池组有故障但未损坏时，可像起动蓄电池一样将其放在运输容器内，如图4-2-5所示。

　存放完好无损的动力电池组和电池模组

在购买用于替换的动力电池组时，汽车厂家或动力电池厂家可能会要求购买者支付押金。汽车厂家或电池厂家收到从汽车维修点退回的更换下来的故障电池组后，会确认是否退回的故障电池组被妥善包装于装运箱中而且物理状况良好，如图4-2-6所示。若确认良好，将会退还押金给购买者。

动力电池组的退货程序，尤其是锂离子电池组的退货程序，可能会随时间改变。技术人员应经常查看汽车厂家的维修信息，包括技术服务公告（TSB）、技术技巧和维修手册，了解动力电池组退货手续的变更情况。

图4-2-6　故障电池组需妥善包装于装运箱

（2）存放损坏的动力电池组

出现以下情况时就会视为动力电池组损坏：

1）动力电池组带有可见烧焦痕迹。

2）动力电池组具体部位可见高温形成迹象。

3）动力电池组冒烟。

4）动力电池组外部面板变形或破裂。

必须将损坏的动力电池组临时存放在户外带有特殊标记的容器内至少48h，之后才允许进行最终废弃处理，如图4-2-7所示。

存放位置必须与建筑物、车辆或其他易燃材料如垃圾容器至少距离5m。必须将外部损坏的动力电池组放在耐酸且防漏凹槽内，以免溢出的电解液流入土壤。同样还要防止消防用水的浪费。

在某些情况下，汽车厂家或者动力电池厂家可能会要求在拆卸下来的故障锂离子电池组退还给厂家之前，必须对其进行放电处理（放电是出于安全考虑）。即使锂离子电池组只有部分剩余电能，其电能也是很大的，所以对故障电池的放电是有潜在危险的操作程序，需要格外谨慎对待。

图 4-2-7　存放损坏的动力电池组

消耗锂离子电池组剩余电能需要使用专用设备，并需遵守专门的操作程序。例如，通用汽车使用的是 Midtronics GRX – 5100 EV ／ HEV 电池维修工具对雪佛兰沃蓝达电池组进行放电处理的。有些混合动力和纯电动汽车的电池维修工具也可以用于动力电池组的诊断、充电、和/或电池电压平衡操作。

技术人员不应该尝试用手动方式为锂离子电池组放电，除非受过正规培训并使用汽车厂家认可的高压电池放电工具和/或作业程序。

（3）动力电池组废弃处理

需要进行废弃处理时，由维修负责人联系所在市场相关专业废弃处理机构。如果不了解该废弃处理机构或遇到有关废弃处理的所有问题，可向所在市场相应环境管理专家求助。维修负责人负责包装物品并确保物品安全。动力电池组未损坏时可使用配件的运输包装。动力电池组已损坏且有液体溢出时，必须使用专用容器并将其作为危险物品运送。维修负责人应确保进行废弃处理前将损坏的动力电池组临时存放 48h 并确定运输能力。

直到运输前都应按照规定（包括当地工作说明）存放动力电池组。特别要注意，不要因撞上堆垛机、受潮等原因导致运输包装和/或动力电池组损坏。因发现运输包装损坏等原因怀疑不再具备动力电池组运输能力时，必须使用维修说明重新确定是否具有运输能力。

五、学习检查

任务	在比亚迪 e5 分控联动训练台（行云新能 INW – EV – E5 – FL）和普锐斯分控联动台架（行云新能 INW – HEV – PRIUS – FL）上进行电池模组的评估判断，并模拟进行废旧电池的正确处理
笔记	

参 考 文 献

［1］郑军武，吴书龙. 新能源汽车技术［M］. 长春：东北师范大学出版社，2016.
［2］节能与新能源汽车技术路线图战略咨询委员会. 节能与新能源汽车技术路线图［M］. 北京：机械工业出版社，2016.
［3］姜久春. 电动汽车动力电池应用技术［M］. 北京：北京交通大学出版社，2016.
［4］张凯，李正国. 动力电池管理及维护技术［M］. 北京：清华大学出版社，2017.
［5］曾鑫，刘涛. 新能源汽车动力电池与驱动电机［M］. 北京：人民交通出版社，2017.
［6］徐艳民. 电动汽车动力电池及电源管理［M］. 北京：机械工业出版社，2015.
［7］王震坡，孙逢春. 电动车辆动力电池系统及应用技术［M］. 北京：机械工业出版社，2012.

读者沟通卡

一、申请课件

本书附赠教学课件供任课教师采用，可在机械工业出版社教育服务网（www.cmpedu.com）注册后免费下载；也可扫描二维码关注"爱车邦"微信订阅号获取课件。

爱车邦

免费下载 教学课件、学习视频、海量学习资料
➤ 扫描二维码，关注**"爱车邦"**
➤ 点击"粉丝互动"→"视频课件"

二、机工汽车教师服务群

任课教师可加入"机工汽车教师服务群"，与教材主编、编辑直接沟通交流。"机工汽车教师服务群"提供最新教材信息、教材特色介绍、专业教材推荐、样书申请、出版合作等服务。

QQ 群号码：633529383，本群实行实名制，请以"院校名称+姓名"的方式申请加入。

三、微信购书

扫描二维码进入小程序"**机械工业出版社有赞旗舰店**"，即可购买机械工业出版社汽车图书。

四、意见反馈和编写合作

联　系　人：谢元
电　　　话：010-88379349
电子信箱：22625793@qq.com
地　　　址：北京市西城区百万庄大街 22 号汽车分社
邮　　　编：100037